Ein Mann *eine Frage*

Mit Illustrationen von Jan Kruse

Kunstmann

Was Männer nicht lassen können
und vermutlich auch nicht wollen

Warum reden Männer immer über sich selbst?

Hören Sie, so allgemein kann ich die Frage nicht beantworten. Lassen Sie es mich am Beispiel meiner selbst erklären ... Na ja, kleiner Scherz jetzt.
Stimmt es überhaupt, dass Männer immer über sich selbst reden? Sonst heißt es doch jeweils, sie würden zu wenig reden. Meine Frau las neulich Kurzgeschichten von Raymond Carver, blickte auf und sagte, in der Story hier komme ein Paar vor, das folgende Regel aufgestellt habe: Jedes halbe Jahr darf sich jeder vom anderen was wünschen, und der andere muss sich dran halten.
«Hmmmm», machte ich.
«Darf ich mir gleich mal was wünschen?»
«Hmmmm.»
«Ööööh», machte sie, steckte die Zunge zwischen die Lippen und machte ein blödes Gesicht. «Typisch, ich rede über unsere Beziehung, du machst ‹Ööööh›.»
«Ich habe nicht ‹Ööööh› gemacht, ich habe ‹Hmmmm› gemacht.»
«Du hast ‹Ööööh› gemacht.»
«Das müsste ich wissen, oder, wenn ich ‹Ööööh› gemacht hätte? Ich habe ‹Hmmmm› gemacht, weil ich manchmal ‹Hmmmm› mache, wenn ich nachdenke. ‹Ööööh› mache ich nie.»
Aber wenn ich nachdenke ... Es stimmt, dass die meisten Männer, wenn sie nicht schweigen, über sich selbst reden.

Ein schönes Exemplar ist meiner Freundin M. begegnet. Sie hatte – beruflich – einen Termin bei einem Politiker in Rom, der früher Chefarzt war. M. ist eine attraktive Frau, der Mann sah sie und hörte nicht eine Sekunde zu, was sie wollte. Sondern erzählte vom Leben als Chefarzt, seiner Segen spendenden Arbeit – und wie ihm das Klinikpersonal zu Füßen gelegen habe.

«In Deutschland», sagte M. irgendwann spitz, «haben wir für Ärzte wie Sie einen Terminus: Halbgötter in Weiß.»

Unser Mann begriff die Ironie nicht, er rief: «Woher wissen Sie, wie sie mich in der Klinik nannten? Sie nannten mich Gott!»

Warum also reden Männer über sich selbst? Wir sehen: um Frauen ins Bett zu bekommen. Der Mann, der einer Frau gegenübersitzt, will ein Bild von sich entwerfen, das ihr gefallen soll. Wenn er nichts sagt, denkt er, sie hat es gern, wenn Männer cool-schweigsam sind. Wenn er ihr Fragen stellt, hat er in einem Ratgeber gelesen, dass Frauen es mögen, wenn man sie fragt. Wenn er sich als gottähnliche Figur darstellt, denkt er, sie würde gern mal mit Gott schlafen.

Sicher führt das meistens nicht zum Erfolg, gewiss führen Männer sich dabei albern auf. Aber balzende Männchen sind überall lächerlich. Oder finden Sie den sich spreizenden Täuberich, der um eine Taube herumtrippelt, nicht lustig?

Noch mal zur Frage. Männer reden natürlich auch deshalb über sich selbst, weil sie von nichts anderem eine Ahnung haben. Wobei Übersichselbstreden heißt: über das reden, was einen beschäftigt. Was man so macht. Dass der neue BMW X 5 einen halben Meter länger sein wird als der alte.

Dass Kreutzmaier im Frühmeeting Unfug erzählt hat. Sie müssen übrigens auch noch über etwas reden, wenn sie fest liiert sind. Sie können dann nicht nur ‹Hmmmm› oder ‹Öööööh› machen, das ist ihnen selbst zu wenig.

Der Feuilletonchef einer großen Zeitung hat mal zu mir gesagt, er könne über meine Kolumnen der letzten Wochen nichts sagen, weil er sie nicht gelesen habe. Das heiße nicht, dass er sie nicht möge. Sondern bloß, dass sie keine Bedrohung für ihn darstellten. Er lese nur, was ihn und seinen Job bedrohe. Wenn also Günter Grass seine SS-Jugend offenbare, dann lese er Grass, müsse ihn lesen, weil Nichtlesen für ihn gefährlich sein könne.

Ich leite daraus ab, dass Frauen, die möchten, dass ihr Mann über etwas anderes redet als sich selbst, sein gewohntes Leben irgendwie bedrohen müssen. Aber das wissen die Frauen inzwischen selbst, glaube ich. Ob es ihnen was nützt? – Tja ...

Einer der folgenreichsten Irrtümer von Männern ist: zu glauben, Frauen würden von ihnen erwarten, dass sie über ihre Gefühle reden. Ihre Ängste. Ihr Inneres. In Wahrheit möchten Frauen nur über einen Teil dieser Gefühle etwas hören, über die Gefühle nämlich, die sich auf sie beziehen, die Frauen. Frauen möchten, dass Männer nicht über sich selbst reden, sondern über Frauen. Beziehungsweise: über eine bestimmte Frau.

Das ist aber nur so ein Gefühl. Danach bin ich gar nicht gefragt worden. Was rede ich überhaupt!?

Axel Hacke

•

Warum pinkeln Männer gerne im Stehen?

Zur Beantwortung dieser Frage muss ich ein wenig ausholen. Im Jahr 1991 stellte ich mich bei einer Wohngemeinschaft in Zürich vor. Sie hatte ein Zimmer zu vermieten, und ich wollte dieses Zimmer unbedingt, denn es war riesig, hell und billig. Ich brauchte ein riesiges, helles Zimmer für meinen Käfig. Weil ich nicht sehr gut aussah und folglich außerordentlich solo war, hatte ich einen Kanarienvogeltick entwickelt: Ich besaß sechs solche Vögel, drei Männchen und drei Weibchen, die alle sehr promiskuitiv waren. Die drei Männchen balzten den ganzen Tag um die Weibchen der anderen Männchen – und männliche Kanarienvögel balzen nicht leise. Sie kreischen in schrillen Tonlagen. Es klingt wie kleine Kreissägen. Wenn man einen Schuh an den Käfig wirft, verstummen sie für einige Minuten, aber dann geht es wieder los.
Oft zeigten die Weibchen, obwohl sie stundenlang angekreischt und umflattert worden waren, dennoch kein Interesse an den drei Männchen. Das war für mich immer das Schlimmste. Denn nun begannen die frustrierten Männchen, sich gegenseitig anzubalzen, und weil das jeweils andere Männchen natürlich nicht hinhörte, kreischten sie ein Drittel lauter als beim Balzen um die Weibchen. Ich lernte in jener Zeit Death-Metal-Musik lieben: Mit aufgesetztem Kopfhörer hörte ich mir auf Volumenmaximum Death-Metal-Songs an und genoss gewissermaßen die Ruhe in

meinem Zimmer, die völlige Absenz des Kanariengekreischs.
Das Problem war aber nicht unbedingt der Lärm, den meine Kanarienvögel verursachten. Das Problem war vielmehr mein schlechtes Gewissen ihnen gegenüber. Nur weil ich keine Freundin hatte, sperrte ich sechs freiheitsliebende Vögel ein! Um mein Gewissen zu beruhigen, baute ich ihnen einen wirklich sehr großen Käfig, zwei Meter breit und eineinhalb Meter hoch. In den kleinen WG-Zimmern, in denen ich damals wohnte, blieb neben dem Käfig nur noch Platz für meine Matratze, die Death-Metal-Musikanlage und ein zusammengerolltes «Playboy»-Heftchen. Das ist der Grund, weshalb ich jenes erwähnte riesige WG-Zimmer wie gesagt unbedingt haben wollte.
Das Vorstellungsgespräch fand in der Küche statt. Drei Frauen und zwei Männer saßen mir gegenüber und stellten die üblichen Fragen: ob ich ein sozialer Mensch sei, ob ich gern Putzpläne einhalten würde und welche Partei ich wähle. Als ich sagte, durch das viele Hören von Death-Metal-Musik sei ich politisch in die Nähe des Ku-Klux-Klans gerutscht, drohten meine Chancen, das riesige Zimmer zu bekommen, im Bodenlosen zu versinken. In meiner Verzweiflung griff ich zu einem Trick. Ich sagte: «Das mit dem Ku-Klux-Klan war nur ein Scherz, denn diese Faschos pinkeln immer im Stehen. Und wenn ich etwas nicht ausstehen kann, sind es Männer, die sich beim Pinkeln nicht setzen.» Mit den drei Stimmen der Frauen der WG gegen die zwei Stimmen der Männer bekam ich das Zimmer.
Eine Woche später zog ich zusammen mit meinen kreischenden Kanarienvögeln ein. Als ich das erste Mal in

meinem neuen Zuhause pinkeln musste, klappte ich wie üblich die Klobrille hoch und wollte es im Stehen tun. Aber dann fiel mir ein, dass das vielleicht keine gute Idee war. Vielleicht lauschten die drei Frauen draußen, um zu überprüfen, ob ich wirklich der fanatische Sitzpinkler war, für den ich mich ausgegeben hatte. Man hört es ja am Geräusch, ob ein Mann es im Stehen oder im Sitzen tut. Also klappte ich die Klobrille wieder hinunter und setzte mich. Es gefiel mir gar nicht. Es war anstrengend, und es war unhygienisch. Ich verstand damals nicht und verstehe noch heute nicht, weshalb Frauen nicht fähig sind, sich in die Anatomie des Mannes hineinzudenken.

Ich will es hier nun ein für alle Mal in aller Deutlichkeit sagen: Männer besitzen ein längliches, nach außen hängendes Geschlechtsorgan. Dieses Organ muss, wenn man im Sitzen pinkelt, etwas nach hinten gedrückt werden, denn sonst droht es den Innenrand der Toilettenschüssel zu berühren. Es mag Männer geben, denen es nichts ausmacht, wenn ihr Zipfelchen gegen diesen kalten, bakteriell gut besuchten Emaille-Rand schlägt wie ein kleines Glöcklein. Aber das sind vermutlich Männer, denen es auch nichts ausmacht, im Bett die Socken anzubehalten. Beides ist nicht mein Stil, und so sehe ich für dieses Problem nur zwei Lösungen: größere Toilettenschüsseln oder chirurgische Verkleinerung des männlichen Geschlechtsorgans. Ich überlasse die Wahl den Frauen.

Linus Reichlin

Warum drehen Männer beim Fußball so durch?

Anfang dieses Jahres lernte ich in Kairo einen englischen Psychoanalytiker kennen, der nach Ägypten gereist war, um sich zwar auch die Pyramiden oder das Museum für Archäologie, vor allem aber die Afrika-Fußballmeisterschaft anzuschauen. Chris entpuppte sich als ein hochgebildeter und weltläufiger Gesprächspartner, der den Globus ausführlich bereist hatte, um sich immer auch Fußballspiele anzuschauen. Daheim geht er als passionierter Fan zu Tottenham Hotspur, einem traditionsreichen Fußballverein aus dem Norden Londons. Mit diesem leidet Chris, ein Mann in den Fünfzigern, seit er in Kindertagen dem Zauber des Clubs erlag. Oder um genauer zu sein: dem Zauber dessen, was er über dessen Fans gehört hatte. Ihm war nämlich erzählt worden, dass die Männer auf Tottenhams vollgestopften Tribünen der Fünfzigerjahre ungeheuerlicherweise einfach ihre Hose öffneten und an Ort und Stelle pinkelten. «Das fand ich großartig, ich wollte auch ein Hotspur sein», sagte er.
Inzwischen ist ihm längst klar geworden, dass dieser Wunsch eine indirekte Ablehnung seines Vaters war, eines eher unmännlichen Intellektuellen, der auf einer Fußballtribüne nie seinen Hosenlatz geöffnet hätte. Ein Fan des Clubs ist Chris trotz dieser Erkenntnis geblieben und diagnostiziert bei sich im Zusammenhang mit Fußball

sogar eine milde Form von Irrsinn. «Und das ist gut so», erklärte er triumphierend. Ich verstand sofort.

Wenn Männer zittrig werden wie beim ersten Rendezvous, weil der Anpfiff naht, wenn sie laut toben, weil der Schiedsrichter zu Unrecht ein Tor aberkannt hat, oder wenn sie mit dämlichem Grinsen durchs Wochenende tapsen, weil ihr Team das Lokalderby gegen den verhassten Rivalen gewonnen hat, sind sie im Wortsinn in eine andere Welt verrückt. Diese mag nicht unbedingt besser sein (denn was bitteschön soll an einer Niederlage in letzter Minute schon toll sein?), aber die Reise dorthin gleicht einer tiefen Meditation. Ich jedenfalls kann in Fußballspielen versinken und so der Wirklichkeit weit entrückt sein, als würde ich im Lotussitz leise Meditationsformeln vor mich hin brabbeln. Was hingegen als «Durchdrehen» empfunden wird, ist nichts anderes als die expressive Variante dieser Versenkung. Eine Art von schamanistischem Ritual ohne Schamanen, bei dem die Beteiligten außer sich geraten.

Solange die Grundregeln des menschlichen Miteinanders eingehalten werden, und das ist in Fußballstadien inzwischen so, braucht sich niemand zu sorgen. Die Reißverschlüsse bleiben oben, der Irrsinn ist mild, aber er ist echt. Daher ist es auch einer der traurigsten Einwände, die gegen Fußball vorgebracht werden, wenn man sagt: Das ist doch nur ein Spiel. (Was würde eigentlich eine bereits in Tränen zerflossene Filmzuschauerin denken, wenn sie just in dem Moment, als Scarlett O'Hara die große Treppe hinuntersteigt, um Rhett Butler in die Arme zu sinken, hören müsste: Aber das ist doch nur ein Film?)

Jedes Fußballspiel ist ein abgeschlossenes Drama, das seine ganze Wirkung jedoch erst entfaltet, wenn man

Partei bezieht. Daher darf es auch auf keinen Fall heißen: Möge der Bessere gewinnen. In Wirklichkeit muss es heißen: Möge meine Mannschaft gewinnen! Und sei sie auch noch so unfähig und von allen guten Geistern verlassen. Bitte lass mein Team in diesem Kampf des Guten gegen das Böse siegreich sein! Und lass mich dazu beitragen, was in meinen Kräften steht, ob ich nun Daumen drücke und stumm mitschwitze oder schreiend und fluchend herumspringe.

Ein Spaß ist das selbstredend nicht, denn nicht jeder Ausflug in die Welt dieser Verrücktheit wird mit einem Sieg belohnt. Womöglich erleben wir die Niederlage in letzter Minute, das Ende aller Hoffnungen auf den Titelgewinn oder auf den Ligaerhalt. Insofern ist Fußball ein existenzielles Erlebnis, das dem Drogenrausch benachbart ist, und selbst der Kater kann ähnlich heftig sein. Aber zumindest ist das Ganze nicht illegal.

Übrigens verläuft die Grenze zur Welt der Fußballverrücktheit längst nicht mehr an der Geschlechtergrenze. In Europa geben sich immer mehr Frauen dem schönen Irrsinn hin, in Japan und Korea sind sie schon längst in der Mehrheit. Und keine Sorge: Um Fan zu sein, bedarf es nicht der Fantasie, im Stadion öffentlich Wasser lassen zu wollen.

Christoph Biermann

Woran denkt ein Mann, wenn man ihn fragt: Woran denkst du gerade?

Blöde Zungen behaupten, Frauen sollten Männer nie danach fragen, was sie gerade dächten, denn Männer würden meistens gar nichts denken und wollen auf keinen Fall dabei erwischt werden.
Ist das böse, denke ich. Könnten Frauen in den Kopf eines Mannes hineingucken, würden sie so etwas nicht sagen, sie würden sehen, dass der Kopf eines Mannes leer ist, so leer, dass die ganze Welt hineinpassen würde, die ganze Welt mit all ihren Seen und Achttausendern, mit all ihren Theorien, Meinungen und Musikvideos, mit all ihren Symbolen und Zeichen. Es gibt ja mehr Zeichen als Insekten auf der Welt, denke ich, doch wenigstens ein Zeichen sollte ich mir merken, bevor ein Grabstein nach mir benannt wird, denke ich, und meine das Zeichen auf der Tür eines Männerklos. Muss das Zeichen nach oben zeigen oder dorthin, wo Gläubige die Hölle vermuten? Mmmh. Ich vergesse es immer wieder und muss deshalb immer wieder auf jemanden warten, der mir den richtigen Weg weist, und spätestens beim Händewaschen denke ich dann daran, mir gleich eine Eselsbrücke zu bauen, von der ich überzeugt bin, dass ich eher die Nummer meiner Levi's vergessen werde als diese Eselsbrücke, aber schon beim nächsten Besuch kracht sie wieder zusammen, die doofe Eselsbrücke, und ich bin froh, wenn meine 501 keinen Schaden nimmt, und dann denke ich: Sollte ich mal eine

Bar eröffnen, werde ich auf den Toilettentüren Messingschilder anbringen lassen mit der Aufschrift «Klugscheißer» und «Klugscheißerin».
Ha!, denke ich, das Leben könnte so einfach sein, wenn alles etwas klarer wäre, wobei mir in diesem Moment auch klar wird, dass sich diese Art von Hinweisschildern wohl eher in einer Kneipe gut macht, in der sozialistische Luft geatmet wird, und nicht so sehr in einer Bar, in der für jeden Gast, der tausend Franken vertrinkt, eine Kanonenkugel abgefeuert wird, direkt vor dem Eingang – bums! Eine Bar von diesem Kaliber hat andere Toilettenschilder verdient, denke ich, wie zum Beispiel, wie ... ja, wie zum Beispiel: «damen» und «da men» – «damen» und «da men»! Dieser Mix aus Deutsch und Englisch klingt nach internationalem Publikum, hat aber auch dieses gewisse Augenzwinkern, das den meisten Toilettenschildern abgeht.
Schon toll, was einem Mann einfällt, wenn er nachdenkt, denke ich, wobei es mir schwerfällt zu glauben, dass die Menschheit auf Toilettenschilder mit gewissem Augenzwinkern gewartet hat. Eine Bar werde ich sowieso nicht eröffnen, denke ich jetzt, denn: Es gibt kein richtiges Leben in Flaschen. Würde Adorno noch leben, er würde denken wie ich, denke ich. Und da ich gerade die Erwartungshaltung der Menschheit hinsichtlich Toilettenschildern mit Augenzwinkern in meinem Kopf mariniere, fällt mir ein: Wer einmal anfängt mit dem Denken, der kann gar nicht mehr aufhören, und die Gefahr besteht in diesem Fall darin, dass er irgendwann anfängt wie Konfuzius zu reden – oder konfus wird.
Konfuzius? Konfus? Um einem Knoten im Hirn vorzubeugen, spiele ich mit dem Gedanken, ein wenig Musik zu

hören, doch auf dem Weg zur Stereoanlage frage ich mich still: He, was ist eigentlich besser? Ist es besser, eine Band zu gründen, oder ist es besser, Radios zu bauen, aus denen Bands zu hören sind? Puh. Und noch bevor ich zu einem befriedigenden Ergebnis gekommen bin, schleicht sich ein weiterer Gedanke ein, der mir etwas unheimlich ist, da ich mir bis eben nicht vorstellen konnte, dass es einen solchen Gedanken überhaupt gibt, er lautet: Willst du in andere Leben schlüpfen oder in anderen Schlüpfern leben? Mmmh.
Ist das kosmisch oder ist das komisch? Und wenn dieser Gedanke mehr ist als ein versteckter Hinweis darauf, dass Männer alle zwei Minuten an Sex denken – was sagt er aus über mich und wie ich gefühlsmäßig gestrickt bin? Machen solche Gedanken krank? Ein höheres Wesen drängt sich in meine Gedankenwelt und befiehlt mir, an die Frau zu denken, die mich gestern Abend fragte, ob sie mir ihre Briefmarkensammlung zeigen dürfe. Halt, stopp, das war jetzt Wunschdenken. Aber wie bin ich darauf gekommen? So, denke ich: Die Frau, die mich gestern Abend nicht fragte, ob sie mir ihre Briefmarkensammlung zeigen dürfe, trug schwarze Unterwäsche, das konnte ich sehen, und bitte: Keine Frau trägt schwarze Unterwäsche einfach so. Ein Gedanke, schön wie ein Atompilz, vor allem dann, wenn die Gefühle Schiffbruch erlitten haben und Umarmungen ausverkauft sind.
Doch daran möchte ich jetzt nicht denken, dazu bin ich plötzlich viel zu müde. Immer wenn es darauf ankommt, Gedanken zu Ende zu denken, werde ich müde. Mist. Bin ich vielleicht ein Panda in einer falschen Haut? Zum Schluss denke ich weiter als Descartes, der mal laut dachte: Ich denke, also bin ich.

Ich sage jedem, der mich fragt, woran ich gerade denke:
Ich denke, also spinn ich.

Ingolf Gillmann

Was Männer ruiniert
auch wenn sie es nicht zugeben

Warum verwahrlosen Männer, wenn man sie alleine lässt?

Habe dich zum Bahnhof gebracht. Als ich zurückkam, hängte ich die Jacke nicht an die Garderobe, sondern über den Küchenstuhl. Du würdest jetzt sagen: «Du kannst die Jacke auch an die Garderobe hängen», und du hättest Recht. Ich aber auch. Denn wenn es heißt: «Du kannst sie auch an die Garderobe hängen», so bedeutet dies, dass ich sie auch über den Stuhl hängen kann.
Ich esse ein Joghurt und plane den Tag. Den Becher werfe ich nicht weg, denn ich habe noch keinen Müllbeutel eingespannt. Den letzten Müll hattest du vorhin mit runtergenommen. Es lohnt sich nicht, einen Beutel in den Mülleimer zu fummeln, wenn man bloß einen kleinen Joghurtbecher hineinwerfen will. Ein Müllbeutel wartet auf große kompostorische Aufgaben: Kartoffelschalen, Kaffeefilter, Essensreste. Also bleibt der Becher, wo er ist: auf dem Esstisch.
Später gehe ich einkaufen. Ich kaufe nur dummes Essen. So nennst du die Fertiggerichte und den Mist in starren Kunststoffverpackungen, den ich manchmal gern mag. «Koch doch was Richtiges», würdest du mir am Handy zurufen, wenn wir jetzt sprächen. Aber warum? Soll ich für mich den Tisch schön decken, vielleicht mit Kerze und Stoffservietten? Soll ich mir etwa Mühe geben, ohne dafür wenigstens einen Kuss zu bekommen? Soll ich mich selber küssen? Quatsch. Ofen vorgeheizt, Packung auf, ratsch,

Essen rein, erst in den Ofen, dann in mein Maul. Die Ofentür lasse ich offen stehen, denn so habe ich noch was von der Wärme. Ich lasse den Ofen die ganze Woche über auf, außer ich benutze ihn.

Den ersten, zweiten und dritten Tag bekomme ich ganz gut rum. Ich schreibe Kolumnen und fange ein Hörspiel an, esse Schokolade, sehe fern, drehe die Musik auf. Wenn du mich sehen könntest. Ich habe seit vier Tagen dasselbe an: die weiße Sommerhose, dicke Socken, graues T-Shirt. Hängerlook. Warum? Ich gehe nicht aus. Ich war seit drei Tagen nicht vor der Tür. Wozu auch? Ich wollte nicht weg. Außerdem muss ich arbeiten. Und dazu brauche ich mich nicht rauszuputzen.

Den Müllbeutel habe ich bisher nicht reingefummelt. Wäre auch nicht nötig gewesen, denn ich hatte ausschließlich nicht stinkenden Abfall, Verpackungszeug. Und Teebeutel. Aber die verbreiten keine Gerüche. Es gibt keinen Grund, sie nicht auf der gelesenen Zeitung abzulegen. Diese liegt im Bett, genau wie ihre Vorgänger. Ich lese sie morgens, bei einer Tasse Tee. Neben dem Bett steht heute die vierte Tasse, bald werde ich mindestens eine spülen müssen. Oder den Tee aus Gläsern trinken.

Ich habe am Anfang im Wohnzimmer die Schuhe ausgezogen, sie stehen immer noch da. Sollte ich sie brauchen, zum Beispiel um dich vom Bahnhof abzuholen, dann weiß ich, wo sie sind. Sie stören niemanden. Sie wohnen jetzt hier, zwischen Couchtisch und Couch. Wenn ich ordentlicher wäre, hätte ich auch ordentlichere Gedanken. Doch dann wäre ich arbeitslos, denn ich hätte nichts, was aufzuschreiben sich lohnte.

Ich rasiere mich nicht mehr, schon den sechsten Tag. Steht mir nicht, aber ich mag es, mir das im Spiegel anzusehen. Auf den Wangen habe ich rechts und links ein Bartloch. Da kommt nix. Und am Hals wachsen die Barthaare wieder zurück in die Haut. Das juckt wie der Teufel. Ich rasiere mich immer gern für dich, weil du den Geruch meines Aftershaves magst und die feuchte glatte Haut nach dem Rasieren. Jetzt sehe ich vergammelt aus. Nimm es doch als Kompliment. Wenn du nicht bei mir bist, mache ich mich auch für keine andere schön. Rasiert bekommst nur du mich. Nicht einmal für mich selbst will ich so gut aussehen wie für dich.
Morgen hole ich dich wieder ab. Bis dahin habe ich noch einiges zu tun. Großes Fiasko. Überall Joghurtbecher und Bananenschalen, Teebeutel, Unterhosen im Flur, Handtücher auf dem Boden. Post geöffnet und ungeöffnet, leere Flaschen. Ich habe deine Pflanzen vergessen, aber ich kann sie bis morgen hinkriegen. Ein Glück, dass sie nicht sprechen können. Ich werde eine Maschine Wäsche waschen. Vielleicht lasse ich aus Spaß einen gruseligen Begrüßungsschnurrbart stehen.
Du willst wissen, wie es dazu kommen konnte? Warum ich in deinen Augen komplett verwahrlose, wenn du mal für eine Woche nicht da bist? Es ist, weil du nicht da bist. Nichts ist so, wie es sein sollte, wenn du nicht bei mir bist. Das ist der Grund.

Jan Weiler

Warum haben auch Männer Angst, wie ihre Mutter zu werden?

Je älter ich werde, desto intensiver wird meine Beschäftigung mit Pflanzen. Immer stärker empfinde ich mein Verhältnis zu Pflanzen zudem als leidenschaftlich, und dies deshalb, weil ich es nicht nur genieße, sondern auf ganz besondere Weise auch darunter leide. Denn diese Beziehung zu Pflanzen ist matrilinearen Ursprungs, sie stammt von meiner Großmutter, vor allem aber von meiner Mutter. Das ist schön, aber auch etwas unheimlich, denn wenn ich über Pflanzen nachdenke oder über Pflanzen rede, dann erlebe ich jedes Mal eine Art von sanftem botanischem Psychodrama, und zwar im hitchcockschen Sinn, das starke unterschwellige Gefühl nämlich, genau wie meine Mutter zu denken und zu reden, ja, ganz wie meine Mutter zu sein. Und was dann, gleichsam im selben halluzinativen Moment auftritt, ist das mindestens ebenso starke Empfinden einer umfassenden Unterlegenheit, zumindest hinsichtlich Pflanzen.

Als ich kürzlich bei mir zu Hause, also in meinem Mutterhaus, vorbeischaute, erzählte ich meiner Mutter, ich hätte in der Zeitung gelesen, es gebe jetzt ganz neu absolut winterfeste Kameliensorten, die sich sogar für die Aufzucht als Topfpflanze in winterfesten Töpfen eigneten, ob sie davon schon gehört habe. Insgeheim hoffte ich natürlich, meine Mutter würde mit «Ist ja interessant! Davon hatte ich keine Ahnung!» oder so ähnlich antworten.

Meine Mutter, eine leidenschaftliche Sammlerin von Nachschlagewerken aller Art, insbesondere aus dem Pflanzen- und Tierreich, sagte: «Augenblick mal», griff hinter sich und zauberte ein Buch mit dem Titel «Kamelien» hervor. Es handelte sich um eine erschöpfende Anthologie zum Thema und gab Auskunft über das wiedererwachte Interesse an Kamelien im 20. Jahrhundert, ihren Charakter, über die Blüten, den Duft. Und selbstverständlich über die Winterhärte. «Winterhart ist übrigens ein sehr problematischer Ausdruck», sagte meine Mutter, «es stellt sich zum Beispiel die Frage: Was spielt die Feuchtigkeit für eine Rolle? Und wo ist genau die Grenze? Bei 8 oder 15 Grad minus? Gewisse Experten meinen übrigens, ein paar Frostnächte seien gut für kräftigen Blütenwuchs.»
Beim Abschied gab mir meine Mutter eine kleine Gardenie mit. Gardenien bringen diese weißen Blüten hervor, die auf Gauguins tahitianischen Bildern blühen, ihr Duft ist exotisch und betörend.
Mutterbindung, das ist für mich die Beziehung zu einem unerhört reichen olfaktorischen Gebilde, zu einem Duftkomplex, der über weite Teile des Stammhirns synaptisch vernetzt sein muss. Wenn ich Parfum kaufe, muss ich immer an meine Mutter denken.
Natürlich kann sich das männliche Gefühl, sich von der Mutter nicht genügend zu unterscheiden, auch bei irgendeiner anderen Kleinigkeit aus dem Themenbereich Haushalt einstellen. Zum Beispiel, wie ich meinen Kindern die Butter aufs Pausenbrot streiche, was für Farben oder Gewebe ich bei Sofabezügen oder Vorhängen mag, wie ich die Gräten bei einer Forelle blau entferne. Das Gefühl entsteht zeitlich punktuell und kommt von ganz tief innen.

Wie große Blasen tauchen diese Mutterbezüge auf, verströmen ihren Duft und verteilen sich dann auf der funktionalen Oberfläche des männlichen Bewusstseins. Sogar wenn ich eine Steckdose repariere, Löcher bohre oder Auto fahre. Gut, ich bin vaterlos aufgewachsen, aber das sind ja immer mehr Männer, sozusagen. Natürlich sind da noch Väter. Aber die meisten von ihnen sind heute bereits selbst metrosexuelle Wesen, just gay enough. Das Gefühl, sich nicht genügend von der Mutter zu unterscheiden, wird dadurch noch umfassender. «Es ist unterbewusst. Mehr in der Art zu denken», sagte ein Freund von mir, nach langer Überlegung. Und es ist nicht frei von Angst. Von jener Angst, die mit dem Urverbot der männlichen Identität zu tun hat: Ich darf keine Frau werden. Zwar hat sich auch jenes Verbot relativiert. So, wie viele Männer schwul leben, ohne schwul zu sein, versuchen viele, wie Frauen zu leben, ohne Frauen zu sein. Und viele dieser Männer möchten mütterlicher werden. Ja, viele Männer möchten lieber Mütter als Väter sein. Aber niemals die eigene. Denken Sie daran, wenn Ihnen je ein Mann einen Vortrag über winterharte Kamelien halten oder Sie bitten sollte, an einer Gardenienblüte zu riechen.

Patrick Frey

Warum gucken Männer so gern Kung-Fu-Filme?

Sie wollen wissen, warum wir Männer so gern Filme gucken, in denen sich Typen dauernd kunstvoll auf die Fresse hauen, nicht wahr? Ich will es Ihnen sagen. Wir müssen – wie so oft, wenn wir menschliche Verhaltensweisen analysieren wollen – zurück in die Kindheit gehen. Kein Mann wird als Kämpfer geboren. Aber jeder von uns erlebt das berühmte erste Mal. Es ist immer anders, aber in etwa läuft es so ab: Also, man sitzt da – so mit rund zwei Jahren – friedlich auf dem Boden und baut eine Burg aus Holzklötzchen. Und auf einmal steht da dieser Junge. Nennen wir ihn Dieter. Dieter ist ein Jahr älter und dick. Seine Windel spannt am gewaltigen Ranzen, seine Patschehändchen sind Paddel. Und Dieter guckt mit kleinen, teuflischen Augen auf unsere Burg, dann beugt er sich ächzend herab – und macht sie mit einem Schlag kaputt. Man ist fassungslos, sieht die traurige Ruine voller erschlagener Playmobil-Ritter – und fängt an zu weinen. Und dann kommt es. Man hört die Stimme der Mutter. Sie sagt: «Wehr dich. Du bist doch ein Junge.» Richtig, Rache! Dieter war das. Die fette Sau! Man will sich wehren. Aber wie? Mit diesen Ärmchen? Mit so kleinen Fäusten? Dieter ist stärker. Dieter ist älter. Dieter ist unbesiegbar. Man gibt schon vor dem Kampf auf. Mama muss schließlich kommen und alles klar machen. Bald ist alles vergessen. Scheinbar – doch die Schmach sitzt tief.

Ein paar von uns (wenige allerdings) werden schließlich wegen Leuten wie Dieter zu Kämpfern (und leider dann oft auch zu Dietern). Die anderen hoffen, dass man sie in Ruhe lässt, werden im Winter eingeseift, im Sommer in den See geschmissen, beklaut und vermöbelt. Und die alle gucken besonders gern ... nun ja ... Kung-Fu-Filme. Denn die «Dieter-Situation» ist ein zentrales, Sinn stiftendes Element solcher Werke. Aber mit ganz anderem Ausgang.

Der Fan kennt zahlreiche Varianten, aber in etwa läuft das Ganze so ab: Ein eher zierlicher, friedlicher Asiate begegnet Finsterlingen. Sie verhöhnen ihn, aber er lächelt und geht weiter. Der Mann ruht in sich. Aber dann – er ist schon fast außer Hörweite – kriegt der karmamäßig so rund laufende Asiate mit, wie die Finsterlinge sich nun eine junge Frau als Opfer aussuchen. Er dreht sich um, sieht, wie einer der Typen (es sind fünf!) das Mädchen packt und ihr das T-Shirt vom Leib reißt. Der Asiate geht zurück zu den Männern und sagt mit leiser, aber fester Stimme: «Lasst die Frau los!» Die Fieslinge halten inne, blicken erstaunt in seine Richtung. «Was will der Zwerg?», ruft einer, geht auf unseren Mann zu und holt zum Schlag aus. Der Asiate reagiert erst im letzten Moment, dann aber blitzschnell – eine Körperdrehung, ein Zischen, ein Schlaggeräusch –, und der Rohling liegt ohnmächtig auf dem Boden. Die anderen vier gucken ungläubig, dann fassen sie sich und stürmen auf unseren Kämpfer zu. Der bleibt völlig cool und – zack, wusch, bäng –, macht alle platt.

Wie gesagt – das Martial-Arts-Genre kennt zahlreiche Variationen der positiv gewendeten Dieter-Situation. Bruce Lee hat das in seinen Filmen ganz hervorragend gemacht,

und sein legitimer Nachfolger Jet Li kann das auch sehr gut. Klar, man kann auch Bruce-Willis-Filme oder so was gucken. Aber im Martial-Arts-Film geht es um etwas Besonderes. Mit einer Knarre schießen kann jeder. Der Kampfsportler ist: SELBER DIE WAFFE. Er wird zwar auf den ersten Blick meist unterschätzt, ist aber unbesiegbar. Stahlhart. Austrainiert. Und davon träumt im Stillen jeder Mann – auch wenn er noch so intellektuell daherkommt. Sich in jeder Situation wehren zu können! Es all den Dietern zu zeigen. Zack und wumm und Ruhe im Karton!
Gestern, zum Beispiel, als dieser tätowierte Schrank mir den Parkplatz weggenommen hat – BAZONG, gleich eins in die Fresse. Und dann neulich in der U-Bahn; der Schläger, der die Leute angepöbelt hat und mich geschubst hat, KLONG – da ist die Backe dick. Und sein fieser Kumpel kriegt – DOTZ – auch was auf die Birne. Und alle, die blöd glotzen, auch. Und wenn Sie beim Lesen jetzt weiter so überlegen süffisant grinsen, kriegen Sie gleich auch noch eine rein.

Kester Schlenz

Warum fürchten Männer sich vor Weihnachten?

Der Schauspieler Laurence Olivier hat seine Frau Vivien Leigh als kühle Engländerin beschrieben. «Nur zu Weihnachten brach sie jedes Mal in Tränen aus.» Jean-Paul Sartre ging es nicht besser. Warum, grübelte der Philosoph, wurde seine über allen Kitsch erhabene Simone ausgerechnet an diesem bürgerlichen Fest rettungslos sentimental? Und weshalb sehnt sich eine berechnende Businessfrau wie Madonna partout nach einem Tannenbaum-Erlebnis im trauten Familienkreis?
Weil sie eine Frau ist. Und weil Weihnachten ein weibliches Fest ist. Ein Fest des Gefühls, der Wärme, der Gemeinsamkeit. Sie organisiert es. Und sie knüpft hohe Erwartungen daran. Bereits im Advent wird dem Mann unbehaglich. Ist sie verheiratet, und zwar mit ihm, will sie wenigstens jetzt einmal das kuschelige Glück im Nest erleben. Falls sie noch ledig ist, will sie diesen Status endlich ändern. Sie möchte den Lichterbaum in den Kulleraugen eines Kindes glänzen sehen. Der Verbund von Medien und Weihnachtsindustrie hat Sehnsüchte aufgerührt, die niemand, vor allem kein Mann, erfüllen kann.
Wenn er sich ironisch über den Rummel äußert, beweist er nur seine Herzlosigkeit. Seine Frau ist ja selbst Teil des Rummels, rennt, rafft, bastelt, bäckt und brutzelt, putzt und schmückt, opfert Portemonnaie, Frisur und Nerven. Es ist angeraten, dass er untertänigst assistiert. Da Weih-

nachten ihm wie jedes Familienfest im Grunde fremd ist, hofft er, seine Pflicht möge mit dem Kauf des Baums erfüllt sein. Er ist auch bereit, den Baum auf einen gusseisernen Ständer zu postieren, Papier gegen Wachstropfen auszulegen und einen Wassereimer aufzustellen.
Alles Weitere überlässt er der Regie seiner Frau. Er ist gewillt, sie zu bewundern. «In der Weihnachtszeit hat ein Mann zwei linke Hände», beobachtete Queen Victoria. Er hat zuweilen auch zwei Frauen. Und beide wollen am Fest der Liebe mit Zuwendung versorgt werden. Während die eine, die angetraute, den Kindern bei letzten panischen Bastelarbeiten hilft, muss er die Gelegenheit ergreifen, der anderen rasch ein paar Geschenke vorbeizubringen.
Richtig Zeit hat er nicht. Die Freundin merkt, dass er kaum den Mantel ablegen will, und ist prompt den Tränen nahe. Auch sie hat Schiwago und Scarlett gesehen, ist weich und warm gestimmt und möchte plötzlich in die Kirche. Er begreift nicht. Sonst ist sie doch lustig? Egal, was er an Geschenken ablädt, sein Besuch fördert nur Schmerz und Enttäuschung. Weihnachten ist das Fest des Beisammenseins, und er bleibt nicht. Er ist mit schlechtem Gewissen gekommen, mit Schuldgefühlen schleicht er von dannen.
Falls er nicht verheiratet ist, falls er also nur die eine Freundin hat, ist seine Lage kaum bequemer. Auch diese Freundin fordert ein, was das ganze Jahr über nicht gelaufen ist: Ernsthaftigkeit, Nähe, Gefühl. Sie bekommt plötzlich Sehnsucht nach Heim und Herd. Sie denkt und braucht es nicht auszusprechen: Der könnte sich auch mal überlegen, ob er mich heiraten will. Womöglich sitzt er bei ihren Eltern und fühlt unter sich den Stuhl heißer werden,

denn auch den Eltern ist dieses unangenehme Fragezeichen auf die Stirn geschrieben. Verlegen greift er nach der Fernsehzeitschrift. Auf der prangt ein rosiges Kindergesicht mit leuchtenden Augen.

Oder hat er das alles hinter sich und ist geschieden? Dann erfährt er nur seinen Mangel an Empfindung und Einfluss. Er besucht seine ehemalige Familie, erstens aus Pflichtgefühl, zweitens, um bei den Kindern ein paar Punkte zu machen. Er legt seine Geschenke ab und setzt sich zum Essen. Aber er gehört nicht hierher; das spürt er nun überdeutlich. Egal, wie locker sich seine Geschiedene aufführt – er hat den Eindruck, sie hege einen stillen Vorwurf, und dieser Vorwurf sei berechtigt. Als er geht, beschleicht ihn das Gefühl, hinter ihm erst beginne das Fest. Mark Twain hat behauptet, der einzige Mann, der sich an Weihnachten wohl fühle, sei der Weihnachtsmann. «Der kommt, gibt etwas ab und geht weiter. Das ist die Urform der Männlichkeit.» Der Mann, der gemütlich sein und nicht schief singen soll, der kann diese Urform gerade zu Weihnachten nicht leben. Für ihn gilt der berühmte Weihnachtsgruß des Poeten Rainer Maria Rilke: «Wer spricht von Siegen? Überstehen ist alles.»

Dietmar Bittrich

Wie beleidigt man einen Mann?

Sie war unter den Mädchen gefürchtet: Sie war scharf, analytisch, eine brandmagere Kampffeministin, und sie trug zwei silberne Totenkopf-Ohrringe. Bereits drei beste Freundinnen hatten sich unter Tränen von ihr weggesetzt. Daraufhin setzte man mich neben Irène. Es war eine interessante Zeit. Sie äußerte viel Skeptisches zu den Lehrern, der Schule, zu überhaupt allem. Ein Dreivierteljahr später fragte sie mich, wie ich es neben ihr ausgehalten habe. Sie habe mich immerhin ein halbes Jahr lang für ein Arschloch gehalten und es mir auch täglich gesagt. Heute halte sie mich zwar immer noch nicht für den hellsten Jungen, fände mich aber im großen Ganzen okay. Aber wie ich das ausgehalten habe, jeden einzelnen Tag von ihr beleidigt zu werden?
«Oh», sagte ich verblüfft, «ich habe dich immer für einen netten Kerl gehalten.» In Wahrheit fragte ich mich: Beleidigungen? Tägliche Beleidigungen? Welche? Ich hatte keine bemerkt.
Okay, ich bin ein harter Brocken. Irgendetwas hat mich mit einem Selbstvertrauen ausgestattet, das keine Beweise braucht. Ich habe selbst in den finstersten Tagen und nach den lächerlichsten Fehlschlägen noch das Gefühl, dass die Welt einen Konstruktionsfehler haben muss, wenn sie so mit mir umspringt. So wird man Kritiker. Und schließlich Journalist.

Außerdem halte ich nicht viel von Würde. Sie ist anstrengend. Sie ist potenziell gefährlich komisch. Unter jedem Würdenträger im Hermelinmantel sehe ich schon die Bananenschale, auf der er ausrutscht. Ich bin für Leichtigkeit. Das Leben ist ein Meer, und nur die Korken werden die Stürme überleben, denke ich.
Kein Wunder, habe ich mich immer in Feministinnen verliebt. Sie sind zwar oft unangenehm, weil sie schärfer hinsehen. Aber wenn man das aushält, sind sie intelligenter als die Frauen, die mit ihrem Los zufrieden sind. Ich habe es nie verstanden, wie man als Frau mit der Männerwelt einig sein kann. Frauen, die keine Rebellion im Herzen haben, sind keine klugen Frauen.
Und kein Wunder, habe ich jede meiner Freundinnen dann und wann in Wut versetzt. Mein Charme, meine Freundlichkeit, meine meist gute Laune gründen sich zumindest teilweise auf der sturen, schüchternen, glücklichen Gleichgültigkeit eines Kindes. Das ist die intelligente Form des Machotums, denke ich: sich von der Welt nicht zu heftig berühren zu lassen und nichts zu fürchten als den Mangel an Zigaretten. Was für eine rebellische Freundin natürlich heißt: Irgendwie muss der Panzer zu knacken sein.
Und natürlich ist er zu knacken.
Am wirkungsvollsten ist es, Männer wie mich im Kern zu erschüttern: in ihrer kindlichen, glücklichen Gleichgültigkeit. Einst stand ich etwa mit einer Affäre in einer Bar. Ich redete. Sie sagte: «Red über was anderes. Du langweilst.» – Ich sagte: «Worüber soll ich denn reden?» – Sie: «Rede nicht immer über dich.» – Mir fiel nichts ein, ums Verrecken nichts. Eine halbe Stunde später ging sie, um

nie wiederzukehren. Ich war tief beleidigt, bis ich ein halbes Jahr später erfuhr, dass sie in der Woche darauf geheiratet hatte. Natürlich hatte sie mich so brutal abservieren müssen, dachte ich. Doch trotzdem blieb die Frage: Warum war mir nichts anderes eingefallen?

Die wirkungsvollsten Angriffe sind Fragen: Du bist für Abenteuer – warum liest du dann immer im gleichen Café die gleiche Zeitung? Du bist für Freundlichkeit – wieso dann der herzlose Humor? Du bist für Leidenschaft – wieso dann so viel Zeit im Büro? Du bist für Neues – wieso dann zum zehnten Mal die gleichen Storys? Und nie wirklich Neues wie ein Kochkurs?

Das trifft ziemlich elegant. Und zwar genau ins Herz des glücklichen Langweilers, routinierten Kindes und abenteuerfreundlichen Haustiers. In Männern sammeln sich Widersprüche an wie Gerümpel in einem Keller. Kaum einer ist der Cowboy geworden, der er als Bub sein wollte. Man muss nur die Tür öffnen.

Hier also müssen Sie suchen, wenn Sie Ihrem Liebsten ein wenig Gift ins Herz träufeln wollen – in kleinen Dosen für die Belebung, in großen Dosen für die tödliche Verletzung. Übertreiben Sie's nicht.

Constantin Seibt

Was Männer dringend brauchen
weil sie sonst nicht glücklich sind

Warum müssen Männer zwanghaft elektronische Geräte kaufen?

So viel lässt sich mit Sicherheit sagen: Es geschieht immer, wenn sie nicht da ist. Dann aber zwanghaft.
Zum Beispiel geschieht es, wenn sie in der Osterwoche wieder mal ihre Mutter besucht. Oder wenn sie zu Pfingsten mit einer Freundin nach Mailand fährt. Oder wenn sie sich für irgendeinen Selbstversenkungskurs in ein Bündner Berghotel verzieht. Dann, ja genau dann ist der Moment gekommen.
Wurde die Sache geplant? Schwer zu sagen. Kann sein, dass die Idee dazu schon länger in seinem Hirn herumzuckt. Aber geplant? Nein. Dazu fehlt ihm, solange sie da ist, der geistige Freiraum. Denn erst wenn sich die Tür hinter ihr geschlossen, der Zug den Bahnhof endlich verlassen hat, lichten sich in seinem Kopf die Nebel. Erst jetzt ist ihm schrankenloses Denken wieder möglich.
Euphorisch setzt er sich ins erstbeste Boulevardcafé. Und sitzt dort eine ganze Weile lang einfach nur da. Fast eine Stunde. So lange, bis er weiß, was er mit so viel Freiheit anfangen soll. Zum Beispiel könnte er am helllichten Tag ins Kino gehen! Oder einen alten Schulfreund anrufen! Oder sich im Fitnessclub mal so richtig auspowern! Oder er könnte, könnte, könnte … auch einfach in diesem Straßencafé sitzen bleiben. Bis der Kellner um Mitternacht den Gehsteig hochklappt. Wäre das nicht auch irgendwie radikal?

Das Problem mit der plötzlichen Freiheit ist die unbegrenzte Zahl ihrer Möglichkeiten. Und so sitzt er da, kann sich nicht entscheiden. Die Zeit verrinnt, jetzt springt er auf, lässt viel zu viel Trinkgeld liegen, stürzt Hals über Kopf davon. In seinem leeren Magen brennen drei Espressi; auf seiner Stirn kondensieren die Schweißtropfen einer beginnenden Frustration; wild schießt sein Blick umher wie bei einem Desperado, der hinter jeder Hausecke den Todfeind vermutet. Noch keinen halben Tag ist sie fort, und schon ist aus dem Befreiten ein Gehetzter geworden.

Als er zum vierten Mal am gleichen Café, zum fünften Mal am selben Kino vorbeikommt, lässt er sich auf die nächste Parkbank fallen. Wäre er nicht so erschöpft, würde er toben. Würde sie verfluchen. Dafür, dass sie nicht da ist. Dafür, dass sie jetzt unbeschwert durch die Gegend tuckert. Und vor allem für das großzügige Lächeln, mit dem sie ihn am Bahnhof in seine kleine Freiheit entließ. Als wäre er ein Kind, das zwar schon allein gehen kann, aber halt doch bloß in einem (unsichtbaren) Laufgitter.

«Mit oder ohne Schachtel?», fragt die Verkäuferin, als sie ihm seine neue Canon DM-XL 1 einpackt. «Bitte originalverpackt», murmelt er verlegen und schielt zum Ausgang, als ob ihn jemand verfolgen würde. Eigentlich hat er ja «nur mal so» bei diesem Discounter vorbeischauen wollen. Aber was kann er dafür, dass diese sackstarke Videokamera drei CCD-Chips hat?! Und ein 16faches Superweitwinkelzoom?! Welches die Welt dank Bildstabilisator digital auf das 32fache ausdehnt?! Ganz zu schweigen von der Zebrastreifen-Fehlbelichtungswarnung und dem Weißabgleich?!

Gierig nimmt er das Paket, das ihm die Verkäuferin mit einem leicht mitleidigen Gesichtsausdruck hinstreckt.

Tritt wieder auf die Straße hinaus. Setzt sich auf die gleiche Parkbank, auf der er eben noch unglücklich war. Jetzt kommt die große Ruhe über ihn. Wie jedes Mal, wenn er sich ein elektronisches Gerät gekauft hat. Was er jedes Mal tut, wenn sie verreist ist. Letzten Dezember ein neues Handy, zu Ostern den iPod, im vorigen Jahr einen zweiten Telefonbeantworter, eine Joggingpulsuhr (mit Distanzmessung), eine Brotteigmaschine, ein elektronisches Klavier.
Am glücklichsten ist er, solange die Sachen noch originalverpackt sind. Dann kann er mit dem Zeigefinger vorsichtig über die Plastikfolie streichen und sich vorstellen, welche ungeahnten Dimensionen in gerade diesem Gerät stecken. Er blättert in der dicken Bedienungsanleitung und bekommt Seite für Seite die sagenhaftesten Anwendungsmöglichkeiten vorgeführt.
Und auch wenn er dieses Gerät nie ganz verstehen, nie ganz beherrschen, ja es unter Umständen nicht einmal ganz auspacken wird, schenkt es ihm doch die Ahnung eines höheren Daseins. Denn dieses fabrikneue Ding ist nämlich ein wenig wie er selbst: Wie jedes Hightech-Produkt hätte auch er das Potenzial für grenzenlose Möglichkeiten! Für eine komplexe und doch kreative Existenz! Für eine kühne und doch kontrollierbare Freiheit, wie sie eben nur ein Mann aushält. Und sei es bloß ein- oder zweimal pro Jahr.

Richard Reich

Warum haben Männer eine Plattensammlung?

Das ist eine gute Frage. Eine sehr gute Frage sogar. Und weil ich so schnell keine Antwort habe, frage ich zurück: Warum haben Frauen keine Plattensammlung? Warum machen sich Frauen nichts aus Musik, außer sie läuft im Aerobic-Kurs oder in der Disco und ist bloße Bewegungshilfe? Was sammeln Frauen überhaupt? Schlechte Erfahrungen mit Männern? Miniaturparfumfläschchen? Schuhe? Okay, wenn ich eine Frau wäre, dann würde ich auch Schuhe sammeln, weil Schuhe großartig sind. Aber ich bin ein Mann, darum sammle ich Schallplatten. Schon seit der Pubertät tue ich das. Manche Relikte zeugen noch von dieser im Dunkel liegenden Zeit.
Es gibt Schallplatten, die tragen hintendrauf Nummern. Krakelige Nummern. Die Nummern habe ich draufgeschrieben. Mit Silberstift. Daneben habe ich meinen Namen gesetzt: eine schwülstig geschwungene Unterschrift. So fing das an, mit der Plattensammlung. Erstehen. Nummerieren. Markieren. Ablegen. Wenn ich das heute sehe, dann läuft es mir kalt den Rücken runter: die Tat eines Wahnsinnigen! Der Wahnsinnige war ich! Ich verfasste Listen mit Angaben zu den Schallplatten: Interpret, Herkunftsland, und Zahlen, viele Zahlen. Ich bewertete die Schallplatten einzeln, gab ihnen Noten: für das Design der Hülle etwa. Am Anfang nahm ich das mit den Schallplatten sehr ernst. Buchhalter-Approach. Ich weiß nicht,

was eine Psychologin dazu sagen würde. Sehr wahrscheinlich würde sie tief durchatmen, bevor sie mit ihren Ausführungen loslegen würde.
Heute bin ich entspannt, was Musik angeht. Ich mag Musik noch immer sehr. Früher aber, da war sie das Wichtigste überhaupt. Alles drehte sich um die schwarzen Scheiben, die sich auf dem Plattenspieler drehten. Reiste ich in eine fremde Stadt: Ich musste gleich/sofort/subito alle Plattenläden abgrasen. Ich war fiebrig, wenn ich einen Laden betrat, und kam in einen Stöber-Rausch. Mit schweren Taschen kehrte ich dann heim. Ich kann mich noch vage an das Gefühl erinnern, als mir die Dame am Flughafen von Tokio sagte, mein Koffer habe zwanzig Kilo Übergewicht (das ist mehr Übergewicht als ich selbst habe). Es war eine regelrechte Sucht. Und die Sucht war sehr teuer. Ich gab für manche Schallplatte mehr als hundert Franken aus – viel Geld für eine nicht mal 200 Gramm schwere Scheibe mit bloß zwei Rillen.
Zu Hause hörte ich die Platten, und ich stellte fest: Sammeln ist ein einsames Hobby. Um mich zu resozialisieren, begann ich, für Freunde und nette Frauen ungefragt Kassetten aufzunehmen (damals gab es noch keine CD-Brenner). Ich hatte große Angst, dass ich allein mit meinen Platten alt werden würde, einsam verenden könnte in einer Wohnung mit einem großen Gestell und viel Staub und noch nicht einmal einem Haustier. Deshalb fing ich auch an, meine Platten als DJ anderen Leuten aufzuzwingen – mit durchzogenem Erfolg. Ich muss dazu anfügen: Ich sammle nicht einfach Schallplatten, sondern Filmsoundtracks, Hawaiisches und alles von France Gall. Die Sammlung heute, sie ist verstreut. Ein Teil steckt in

den Umzugskartons, die ich noch nicht ausgepackt habe, seit ich vor vier Jahren umgezogen bin. Ein paar Platten stehen an die Wand gelehnt bei mir zu Hause. Ein Teil ist verschwunden oder wurde von «Freunden» gestohlen. Der Großteil der Sammlung aber steht in meinem Büro. Ich habe sie nie alle gezählt. Ich schätze, es sind 5000 Stück. Wie gesagt: Heute habe ich ein entspanntes Verhältnis zu meiner Plattensammlung. Ich würde sagen: Sie ist ziemlich komplett. Es gibt kaum noch Scheiben, die mir fehlen. Es war nicht einfach, sich das einzugestehen: Ziel erreicht, Mission: Accomplished. Deshalb habe ich mein Sammelgebiet kürzlich verlegt. Neue Jagdgründe. Ich interessiere mich jetzt für Möbel, Stühle im Speziellen, noch genauer: für skandinavische Produkte aus den Fünfzigerjahren. Zurzeit jage ich einen schönen Stuhl mit dem schönen Namen Nikke von Tapio Wirkkala. Bisher wurde ich noch nicht fündig – und das ist gut so.
Richtig, ich habe die Frage noch nicht beantwortet: Warum haben Männer eine Plattensammlung? Ich würde sagen: Nicht alle Männer haben eine Plattensammlung. Es gibt welche, die sammeln Schusswaffen. Andere Autos. Nochmals andere Kaffeerahmdeckel. Oder getragene Schlüpfer. Oder schlüpfrige Filme. Sollte eine Frau an einen Mann geraten, der eine Plattensammlung hat, dann würde ich der Frau sagen: Es ist ein Guter. Greifen Sie zu. Es könnte viel schlimmer sein.

Max Küng

Was verrät die Wohnung eines Mannes über seinen Charakter?

Vor einiger Zeit war ich in der Wohnung von so einem Lifestyle-Journalisten zu Besuch. Dessen Daheim war ausschließlich mit Klassikern der Möbelgeschichte eingerichtet: ein Lounge Chair von Eames, natürlich, ein Beistelltisch von Eileen Gray, ein Sideboard von Knoll. Solche Möbel sind ein Nullstatement. Vollkommen sicher. Niemand, der sich für einigermaßen versiert und kultiviert hält, wird sie unschön finden. Gegen derartiges Mobiliar ist an sich gar nichts zu sagen, im Gegenteil, aber eine lediglich mit solchen Stücken eingerichtete Wohnung strahlt nichts weiter aus als den Charme eines Röntgenzimmers. Sowie die geschmackliche Unselbstständigkeit und Unsicherheit ihres Besitzers und seinen Wunsch nach Anerkennung. Gott sei Dank war dieser Besuch kein Date, sonst hätte ich etwas gemurmelt wie «Oh, ich habe ganz vergessen, dass ich zu Hause dringend die Ameisenfallen austauschen sollte, also leider muss ich nun gehen, auf Wiedersehen!»
Womit wir beim Thema wären: Egal was der Typ, mit dem Sie sich gerade regelmäßig treffen, Ihnen für Geschichten über sich aufgetischt hat – die Wahrheit erfahren Sie bei Ihrem ersten Besuch in seinem Zuhause. Es ist nämlich vollkommen richtig, dass die Behausung eines Menschen zahlreiche Rückschlüsse auf seine Persönlichkeit erlaubt. Nun werden Sie einwenden, solche Charakterkunde sei ja

relativ einfach im obigen Fall, wenn also die Einrichtung dem Showroom eines besseren Möbelladens entspricht. Oder auch dann, wenn die Wohnung Ihres Dates aussieht wie die Behausung von Robert De Niro in «Taxi Driver». Aber: Mit den folgenden Hinweisen können Sie innerhalb kürzester Zeit schlechthin jede Männerwohnung einer Persönlichkeitskontrolle unterziehen.

Zunächst zwei praktische Tests. Erstens: der Blick in den Badezimmerschrank. Falls Sie darin eine fast aufgebrauchte Packung Alka-Seltzer, einen Nasenhaarschneider und Hautcreme aus dem Supermarkt finden, ist alles okay. Tolerabel ist eine Vielzahl von Zahnbürsten. Bedenklich sind Hornhautraspeln, Selbstbräuner und Migränemittel. Zweitens: der Blick unters Bett. Hanteln, pornografisches Material (solange es gewisse Grenzen nicht überschreitet) und schmutzige Wäsche sind unbedenklich. Eher bedenklich: eine halbleere Wodkaflasche und Schokoladenriegelpapier. Hochgradig bedenklich (auf derselben Stufe wie selbst gebastelte Sprengsätze): eine Modelleisenbahn-Landschaft.

Tolerant sein sollte man hingegen bei der Sichtung der Platten- oder CD-Sammlung (wir alle haben schließlich irgendwann mal ein Britney-Spears-Album gekauft), bolivianischem Kunstgewerbe (könnte ein Geschenk seiner Putzfrau sein) und Modelleisenbahn-Landschaften, die sich nicht unter dem Bett befinden. Auch die vollständige Abwesenheit von Büchern stellt entgegen weitverbreiteter Meinung kein Alarmzeichen dar. Denken Sie daran, wie viele prätentiöse Unterhaltungen über Literatur Ihnen erspart bleiben. Generell gilt: Überhaupt keine Bücher ist besser als Bücher über Hunde oder Flugzeuge. Oder von Ruth Schweikert.

Vorsicht ist geboten bei Kerzen mit Muscheln oder Blütenblättern (könnten ein Geschenk seiner Mutter sein; aber im Gegensatz zu Putzfrauengeschenken vernichtet der erwachsene Mann Geschenke seiner Mutter). Kein gutes Zeichen sind ebenfalls mehr als drei Buddha-Figuren auf dreißig Quadratmetern sowie selbst gebastelte Stehlampen. Schließlich erwägen Sie eine ernsthafte Bindung, und wer will schon zwischen selbst gebastelten Stehlampen alt werden. Meistens wird man da auch gar nicht alt, weil man vorher einen Stromschlag kriegt. Auch seltsame Sammlungen wie Bierdeckel oder Kronkorken deuten auf psychosoziale Defekte hin. Totale Rausschmeißer schließlich sind: Tischplatten aus weißem Marmor, Käfige mit lebenden Vögeln, Lavalampen, Che-Guevara-Poster, Kerzenhalter aus Messing und Biedermeiermöbel. Biedermeiermöbel sind zwar was Hübsches, aber sie rufen Ihnen zu: Vorsicht! Diese Wohnung hat eine Frau eingerichtet. Oder ein schwuler Mann. Beides kann Ihnen nicht recht sein.

Zum Schluss noch ein gewiss überflüssiger Hinweis, den ich nur anbringe, weil es sich um die wichtigste Regel von allen handelt: Wenn der Typ aussieht wie der schwedische Fußballer Freddie Ljungberg, ignorieren Sie seine Kanarienvögel und packen die Lavalampe beim Schopf!

Philipp Tingler

Warum sind Männer am Herd solche Angeber?

Sagen wir's, wie es ist: Unsere Mütter sind schuld. Schuld daran, dass wir uns in der Küche benehmen wie Hannibal, dass zwischen erstklassigen Pfannen und Brätern tägliche Schlachten geschlagen werden müssen und dass jeder noch so eindrückliche Sieg in einem Psycho-Tal – «Wie war ich, Liebling?» – endet. Unsere Mütter haben uns das notwendige Küchenwissen vorenthalten. Ich bin in meiner Generation sicher keine Ausnahme, wenn ich sage, dass ich das Geheimnis der Geschlechtlichkeit früher kannte als den Weg, den ein rohes Ei gehen muss, um als Spiegelei wiedergeboren zu werden.
Diese Benachteiligung versuchen wir seither wettzumachen. Und weil es natürlich nicht genügen kann, in der eigenen Küche eins und eins zusammenzuzählen, werden kulinarische Algorithmen fällig, sprich: kompensatorischer Brillanzbedarf. Weibliches – oder sagen wir lieber: mütterliches – Kochen meint in der Regel jene Versorgungsküche, die gesund und nicht zu teuer sein soll, einigermaßen geschwind zubereitet werden kann und, falls das überhaupt ein Kriterium ist, Wohlgeschmack nicht ausschließt. In meiner Erinnerung stehen ledrige Kohlrabi neben den Freuden meiner Kindheit, die aus Apfelkuchen bestanden oder Zwetschkenknödel und nur zur Verfügung standen, wenn ich mir vorher die Kohlrabi in den Hals gequält hatte.

Wer hingegen kocht, um auf dem eigenen Herd etwas zu produzieren, das möglichst gut schmeckt, folgt völlig anderen Grundsätzen. Er will es besser machen als für gewöhnlich. Er will beeindrucken. Die anderen. Aber vor allem sich selbst.

Das beginnt beim Einkaufen. Kaum verfügte ich über eine minimale Sicherheit im Umgang mit Lebensmitteln, konnten diese nicht mehr teuer genug sein. Schließlich vergisst kein Koch, darauf hinzuweisen, dass das Gelingen seiner Rezepte nur mit denkbar frischen, exzellenten, blabla Rohmaterialien möglich sei. Das Kalbskotelett, das ich anschließend zum brettsteifen Lederimitat verbacken würde, musste beim teuersten Fleischer angeschafft werden, weil ansonsten die einzige Chance, dass es gelingen würde, von vornherein ausgeschaltet wäre (diese Chance bestand übrigens, nüchtern betrachtet, darin, dass ich das Kotelett roh auf den Tisch gelegt hätte).

So erwarb ich mir meine handwerklichen Fertigkeiten. Der wesentliche Punkt daran ist die Anmaßung, mit bescheidensten Voraussetzungen in der eigenen Küche Ergebnisse zu erzielen, die jenen von erstklassigen, praxiserprobten Köchen an Raffinesse und Brillanz nicht nachstehen sollen. Lächerlich, klar. Aber eine gewisse Lächerlichkeit ist uns Hobbyköchen statutengemäß ins Gesicht geschrieben, wenn wir an unseren neu angeschafften Gaggenau-Herden mit hintergrundbeleuchteten Profi-Bedienknebeln stehen und nicht wissen, wo wir sie einschalten sollen.

Klären wir das am Beispiel Kartoffelpüree. Die Gier auf frisches Püree ist irgendwo im genetischen Code gespeichert, vermutlich auf dem Y-Chromosom: Kein Mann bestellt im Restaurant Fisch, wenn Kalbsleber mit Kartoffelpüree auf der Karte steht. Gewiss gibt es besseres und schlechteres Kartoffelpüree, so wie es bessere und schlechtere Kartoffeln gibt, und trotzdem wird, wo immer Männer in der Küche stehen, der Best-Kartoffelpüree-of-the-World-Contest ausgetragen, darunter geht gar nix. Selbst in Junggesellen-Haushalten, in denen es weder Messer noch Gabel gibt, findet sich in der Küche an prominenter Stelle eine Kartoffelpresse. Denn dass ein ordentliches Püree nur aus in der Schale gekochten, mehlig kochenden Kartoffeln entstehen kann, die, sobald weich gekocht, durch die Presse gedrückt werden, weiß selbst der kulinarische Analphabet. Und um die Frage, womit diese Kartoffelmasse nun in Püree, oder, wie unsere frankophilen Freunde hüsteln werden, Mousseline verwandelt wird, ranken sich die unergründlichen Geheimnisse der Lactosophie – darf es Milch sein, kalt, lauwarm oder heiß, die mit einem Löffel Butter geschmalzen wird? Nie im Leben, das wäre ja Mütterküche. Darf es mit Schlagrahm aufgefettete Milch sein, oder Milch, in der Butter geschmolzen, oder Butter, die mit ein bisschen Milch beschneit wird, oder Butter und Rahm mit einer Ahnung Meersalz?

An genau dieser Stelle finden die Feinheiten unserer herrlichen Beeindruckungs-Küche statt, ist das Leben nicht wunderbar? Ich kritisiere den Unsinn keinesfalls. Stelle nur fest, dass sich an dieser Stelle der Wahnsinn entzündet, der herrliche, wunderschöne Wahnsinn, der uns zwingt, japanische Messer und französische Pfannen, deutsche Kühlschränke, ungarische Gänseleber und englisches Meersalz zu kaufen und praktisch jede Kartoffel, die irgendwo aus der Erde gezogen wird.

Christian Seiler

Warum kaufen Männer
so gern Kettensägen?

Es ist etwa ein Jahr her, als M. und ich uns auf die wild zupackende Seite unseres Geschlechts besannen und beschlossen, eine Kettensäge zu kaufen. M. ist ein guter Nachbar und Freund. Sein Initial steht für Mittelstand, mittleres Alter, Mittelschullehrer in Englisch. Wenn wir uns treffen, was relativ oft vorkommt, versichern wir einander, wie gut es sei, auf dem Land zu leben, und wir diskutieren das Prinzip von Form-follows-Function, Houellebecq, Genderfragen. Das gibt uns das warme Gefühl, städtisch-intellektuelle Lebendigkeit lasse sich auch inmitten von Kühen und Postautos pflegen.
Vor etwa einem Jahr saßen wir auf der Terrasse vor M.s Haus, tranken Riesling und sahen zu, wie ein Bauer sein Feld umpflügte. Dann blickten wir auf das frisch gepflügte Feld, auf die frisch geleerte Flasche, auf unsere weichen Geistesarbeiterhände, und wir kamen uns nutzlos vor. Angeregt durch das Heulen einer Kettensäge aus dem nahen Wald erzählte M., wie er seinen Großvater jeweils in den Wald begleitet und ihm beim Bäumefällen zugesehen habe. Das Bild des alten Mannes, der eine laute und rauchende Kettensäge an den Baum legt, gehöre zu seinen liebsten Erinnerungen.
«Ich habe mir überlegt, eine zu kaufen», sagte M. «Was kaufen?», fragte ich. «Eine Kettensäge», sagte er. «Ich habe versprochen, die Hecken auszulichten.» «Ketten-

sägen sind gefährlich», sagte ich. Als Antwort zitierte M., angemessen ironisiert, einen englischen Zyniker, der etwas über Gefahr und Mann gesagt hatte. «The Texas Chain Saw Massacre», hielt ich entgegen. Angesichts der Tatsache, dass M. eine unbekannte und wohl auch verletzliche Seite seiner Persönlichkeit gezeigt hatte, war das zu viel. Um M. zu besänftigen, bot ich an, mich am Kauf der Kettensäge (und damit am Traum von männlicher Tatkraft) zu beteiligen. Auch um mein Haus wachse Gebüsch heran, das gerodet werden müsse.

Am Samstag darauf suchten wir die Eisenwarenhandlung auf, einen Ort also, wo Männer sich mit Hammer und Nägeln eindecken, mit Äxten, Schaufeln und Baumaschinen. In der Stadt gibt es keine Eisenwarenhandlungen mehr. Das ist so, weil es in der Stadt keine Männer mehr gibt. Sagen die Männer auf dem Land und diskutieren die Qualitäten von Holzspaltmaschinen und Gartenhäckslern.

Beim Eisenwarenhändler hingen Plakate, auf denen großbrüstige Frauen Werkzeuge präsentieren, die eigentlich in Männerhände gehören. Ohne viel mehr als zwei, drei Blicke auf die Frauen zu werfen, wandten M. und ich uns den Kettensägen zu. Die großen Modelle erschienen uns zu klobig für mittelständische Gartenhecken und – was wir einander nicht sagten – auch zu schwer für unsere beschränkten Kräfte. Wir entschieden uns für ein handliches, elektrisch betriebenes Sägelchen.

Das Roden der Hecken hinter M.s Haus machte uns großen Spaß. Wir waren stolz auf den ehrlich erworbenen Schweiß. Wir tranken ehrlich verdientes Bier. Kurz, wir drei – M., die Kettensäge und ich – kamen so blendend miteinander zurecht, dass wir die Arbeit an der Hecke bei

meinem Haus fortsetzten. Die Idylle fand ein unschönes Ende, als M.s Frau und meine Orsolina von der Stadt zurückkamen und die fast kahl geräumten Gärten sahen.
Seither liegt die Kettensäge unbenutzt in M.s Keller.
Kürzlich saßen M. und ich in meinem Wohnzimmer. Draußen pflanzte Mathys neue Sträucher in die versehrten Hecken. Mathys ist der Landschaftsgärtner des Dorfs, ein Mann, wie er im Buche steht, mit roten Wangen und kräftigen Pranken und klaren Ideen über den Wert von Akademikern. Wir hatten es bisher entschieden abgelehnt, auf einen Landschaftsgärtner zurückzugreifen. In einem Anfall von Wut und ein bisschen wohl auch, um uns zu demütigen, hatten unsere Frauen bei Mathys neue Sträucher bestellt. M. zitierte den Eingangssatz zu einer von Hemingways Kurzgeschichten: «Es war jetzt Essenszeit, und sie saßen alle unter dem doppelten grünen Sonnendach des Speisezelts und taten, als sei nichts passiert.» In «Das kurze glückliche Leben des Francis Macomber» geht es um einen Feigling, der von seiner Frau gedemütigt wird und sich im Verlauf einer Safari aus seiner Feigheit befreit – mit tödlichen Folgen. Ich kannte die Geschichte. «Ich kann da keine Parallele sehen», sagte ich. «Die Geschichte ist eine von Hemingways besten», sagte M. Es war Nachmittag, und wir saßen im warmen Wohnzimmer und taten, als sei es normal, dass draußen Mathys für uns arbeitete.

Hanspeter Bundi

Was ist das perfekte Geschenk für einen Mann?

Jedes Jahr, wenn mit der Skorpion-Saison mein Geburtstag näher rückt, grämt sich meine Liebste vor Ratlosigkeit. Ich bin nämlich schwer zu beschenken. Das hat nicht nur mit meinen hohen Ansprüchen zu tun. Sondern auch damit, dass es in jeden Mannes Geschichte Falltüren gibt, die zu verborgenen Gängen führen, in denen er sich nicht wohlfühlt.
Vor Jahren schenkte mir meine Liebste eine wunderschöne Pelzmütze, worauf ich in Tränen ausbrach. Wie hätte sie wissen sollen, dass mich meine Mutter zum Tragen einer Mütze gezwungen hat, als ich noch ein kleiner Bub war? Dass ich für diese Mütze in der Schule ausgelacht wurde? Übrigens zu Recht, denn ich sah mit dieser Mütze aus wie ein als Sherlock Holmes verkleideter Teekrug. Und auch wenn die von meiner Liebsten ausgesuchte Mütze ein schönes und nicht gerade günstiges Stück war, es versetzte mich doch zurück in die demütigende Vergangenheit. «Bitte umtauschen, schnief», war meine Reaktion.
Was jede Frau wissen muss: Männer kaufen sich schöne Sachen am liebsten selbst. Und sofort. Denn es macht gute Laune, sich selbst gegenüber eine Spendierhose mit X-Large-Taschen anzuziehen. Man fühlt sich auf der Höhe des Lebens, selbstsicher, männlich eben. Etwas Begehrtes geschenkt zu kriegen hingegen, weckt in mir immer ein unangenehmes Gefühl von Verpflichtung. Und

von Ertapptsein: Muss ja nicht jede wissen, dass ich jeden Monat mit glänzenden Augen die absurden Kaufbefehle im Männermagazin «GQ» studiere. Aber wenn schon beschenkt werden, dann mit etwas, das ich dort gesehen habe. Denn Nützliches ist bei Geschenken für Männer tabu; wir schenken schließlich auch keine Antifaltencreme oder teflonbeschichtete Bratpfannen. Wir wollen auch keine Gutscheine für Selbsterfahrungs-Workshops für Männer, in denen wir lernen, wie man eine Schwitzhütte baut. Und wir wollen nicht zum Geburtstagsessen eingeladen werden, denn: Das betrachten wir nach wie vor als Teil eines Balz- oder zumindest Fütterungsrituals, in dem wir die aktive Rolle spielen möchten.
Schenken Sie also einen Weekender aus Wildleder von Yves Saint Laurent. Ein Handyheadset von Bang & Olufsen. Eingegangene Leibchen von eingegangenen Siebzigerjahre-Fußballclubs. Ferngesteuerte Indoor-Helikopter. Oder Waffen. Vom Blasrohr aus dem Amazonasgebiet über ein Samuraischwert aus Damaststahl bis zur neusten Pistole von Beretta. Frauen mögen das komisch finden, aber: Waffen sind von Männern für Männer gemacht, meistens schön schnörkellos designt, und sie vermitteln das urtümliche Wohlgefühl der Wehrhaftigkeit. Eine rare Empfindung. Sie ausgelöst zu haben, wird Ihnen einen besonderen Platz im Herzen des Beschenkten sichern. Einzige Einschränkung: Messer. Einer guten Freundin verweigerte ich mal die Annahme eines Käsemessers, auf die Gefahr hin, dass unsere Freundschaft darüber zerbröselt wie ein achtjähriger Parmesan. Aber ich sah mich einfach nicht als Mann, dem man ein Käsemesser schenkt. Außerdem bringt jedes geschenkte Messer Unglück und Beziehungskräche,

außer man schenkt ein Fünfzigrappenstück dazu, mit dem der Beschenkte das Messer kauft. Sagt der Aberglaube. Ich persönlich bin ja Rationalist, aber: Ich schenkte mal einem Freund das coole Swisstool von Victorinox, da sind nur zwei Messer und ganz viele Schraubenzieher dran. Drei Monate später war seine Freundin weg, er allein mit dem schönen Swisstool, und wir sind auch keine Freunde mehr. Ein perfektes Geschenk also nur, wenn Sie Ihren Mann loswerden wollen. Noch eleganter: ein www.blacksocks.com-Abo. Denn, so der Volksmund: «Schenkt sie ihm Socken, lässt er sie hocken.»

Hans Georg Hildebrandt

Weshalb wünscht sich ein Mann eine Tochter?

Wenn mich jemand fragt, weshalb ich so glücklich darüber sei, dass der Herrgott mir eine Tochter in die Wiege legte und nicht einen Sohn, gebe ich in der Regel zwei Antworten: Dass ich mich für Männer noch nie interessiert habe und dass dies auch in Zukunft so bleiben soll. Und dass ein Mann sich ohnehin nicht mehr wünschen könne, als seine Nächte mit gleich zwei Frauen zu verbringen.
Obwohl diese Erklärungen nicht sonderlich geistreich sind, lösen sie mit großer Verlässlichkeit bei Männern und Frauen Heiterkeit aus, und ich staune zuweilen, wie sich selbst differenzierte Menschen mit schlichten Sätzen zufriedengeben.
Gut möglich, dass allein die Frage nach dem Wunschmädchen oder dem Wunschsohn ein bisschen einfältig ist. Jedenfalls handelt es sich dabei um eine typische Frage, die nur Leute stellen, die selbst keine Kinder haben. Eltern haben andere Sorgen, Eltern fragen beispielsweise, ob ein Mädchen von drei Monaten dieselben Impfungen braucht wie ein Junge.
Mein Baby ist mittlerweile geimpft, es war sehr tapfer, und ich bin glücklich, dass es ein Mädchen ist. Wenn ich all den Papa-, Paps- und Papibüchern glauben will, die ich irgendwann dann doch gelesen habe, bin ich in meinem Tochterglück nicht allein. Es soll nämlich eine Zeiter-

scheinung sein, dass Männer nicht durchdrehen, wenn bei der ersten Ultraschalluntersuchung kein Pimmelchen im Bauch ihrer Partnerin zu sehen ist. Vielleicht finden Frauen dies nicht unbedingt bemerkenswert. Aber man denke bloß an die Generationen von Männern, die sich nichts inniger erhofften als einen Stammhalter – und sich dann bei der Niederkunft einer Tochter so ärgerten wie ein Fußballer, der zwanzig Meter durch den feindlichen Strafraum dribbelt, abzieht und über die Latte schießt. Historisch gesehen bin ich also ein neuer Typus Vater, und ich gestatte mir, dies als Fortschritt in der Entwicklung des männlichen Geschlechts zu werten.
Nun gut. Wir wissen heute, dass Mädchen in ihren Babyjahren weniger schreien als Jungen. Wir wissen nicht erst seit Pisa, dass Mädchen die besseren Noten von der Schule nach Hause tragen als Jungen. Und vor allem wissen wir, dass ein Mädchen nie im Stehen neben die Toilettenschüssel pinkeln wird, wie ich es immer noch tue. Aber allein aus diesen Gründen wünscht sich selbstverständlich niemand eine Tochter, nicht einmal ein Mann.
Es ist vielmehr diese Furcht.
Männer wie ich hoffen auf ein Mädchen, weil sie sich vor Kindern fürchten. Diese Furcht, Frauen wissen es, ist unter Meinesgleichen geradezu epidemisch verbreitet. Denn ein Mann glaubt, dass Kinder zu haben, Vater zu sein so viel bedeutet wie: nie mehr eine Nacht mit den Kumpels durchsaufen zu können, mit dem Rauchen aufhören zu müssen oder von allen Frauen dieser Welt nur noch als Vater, nicht aber als Mann wahrgenommen zu werden. Und in meinem Fall war da noch die Furcht um einen Sportwagen, einen Porsche 911 SC, Jahrgang 1977.

Für dieses Auto gibt es keine Kindersitze und somit keine Zukunft in der Kleinfamilie.

In dieser Furcht um seine Freiheit oder das, was ein Mann dafür hält, flüchtet sich der werdende Vater in die Arme einer ungeborenen Frau, in die Arme seiner Wunschtochter. Von Töchtern, wie vielleicht von Frauen überhaupt, verstehen Männer wie ich nicht viel – aber das ist dieses eine Mal unsere Rettung: Die Tochter verspricht ein letztes Geheimnis, ein letztes Abenteuer. Ein Sohn kann da nicht mithalten, Söhne sind Männer wie ich. Meine Freunde sind Söhne, genauso meine Chefs, und wenn ich wegen zu schnellen Fahrens rausgewinkt werde, dann in der Regel auch von einem Sohnemann. Die Welt braucht Söhne, einverstanden. Aber nicht ich.

Womöglich wird man denken, Männer, die auf einen Sohn verzichten können, fürchteten sich im Grunde nur vor sich selbst. Natürlich dachte ich auch darüber nach. Aber selbst wenn es so wäre – ich denke, es spräche für mich. Als Sohn meiner Zeit nahm ich mir die Freiheit, ein Mädchen zu wollen – wen, bitte sehr, sollte dies stören? Meine Tochter? Sicher nicht. Und etwas anderes hat kein Gewicht.

Michael Marti

Was Männern Spaß macht
und worum sie manchmal
zu beneiden sind

Was macht ein Mann allein an der Bar?

Ein guter Freund von mir saß einmal allein an einer Bar vor einem Wodka Orange, dem idealen Getränk für alle, die den Alkohol nur wegen der Wirkung mögen. Da stellte sich die Barmaid vor ihn hin, stützte das Kinn in die Hand, schaute ihm tief in die Augen und fragte: «Warum so traurig?»
Der Freund – auch er hatte das Kinn in die Hand gestützt – antwortete: «Warum so dicke Beine?»
Seither weiß ich, was Männer allein an der Bar machen: Sie hoffen zum Beispiel auf einen solchen Dialog. Auf die Chance, mit einer einzigen Antwort die ganze naturgegebene Traurigkeit des Mannes an der Bar ausdrücken zu können.
Ich bin nicht sicher, ob der Dialog wirklich stattfand, meinem Freund wäre zuzutrauen, dass er ihn erfunden hat. Aber ich zweifle keine Sekunde daran, dass er wirklich an jener Bar saß und sich ausdachte, was er antworten würde, falls die Barmaid sich vor ihn hinstellen, das Kinn in die Hand stützen und fragen würde: «Warum so traurig?»
Vielleicht ist es das, was Männer allein an der Bar tun: sich Fragen ausdenken und die Antworten, die sie darauf geben würden. Aber das ist natürlich nicht der Grund, weshalb sie sich allein an eine Bar begeben. Der liegt viel tiefer: Sie tun es, meine Damen, zur Feier des Privilegs, es zu können, ohne dass sich jemand etwas dabei denkt. Außer vielleicht, er sei traurig.

Aber wenn ein Mann allein an der Bar sitzt, denkt niemand, er sei ein leichtes Männchen oder er sei für jede zu haben oder er finde keine. Ein Mann allein an der Bar macht einfach von seinem Recht Gebrauch, sich allein an einer Bar einen oder ein paar zu genehmigen, ohne dass sich jemand etwas dabei denkt.

Natürlich gibt es Bars, die der Mann in einer anderen Absicht aufsucht. Zum Beispiel in derjenigen, die er einer Frau gern unterstellt, die er allein an einer Bar sieht. Aber von diesen Bars ist hier nicht die Rede. Wir reden von der normalen Bar mit nicht allzu viel Licht, aber genügend Holz und Leder, ein paar versilberten Schalen mit Salznüssen, die man mit den Fingerspitzen herausfischen darf, weil man beim Mann an der Bar noch voraussetzen kann, dass er sich nach der Toilette die Hände wäscht. Wir meinen die Bar mit etwas gedämpfter Musik oder einem unaufdringlichen Barpianisten, der «As Time Goes By» nicht überinterpretiert. Und einer Barmaid oder einem Barman, der die Standardcocktails beherrscht, ohne in der Schublade unter der Kasse nachschauen zu müssen.

Natürlich kann auch ein so schadenfrohes Wesen wie der Mann nicht die ganze Zeit nur allein an einer Bar sitzen und denken: Ätsch, Frauen, ich darf das. Er denkt auch andere Dinge. Zum Beispiel: Ist man schon Alkoholiker, wenn man sich bereits nach der Hälfte seiner ersten Margarita (zwei Teile Tequila, ein Teil Cointreau, ein Teil Zitronensaft) auf den zweiten zu freuen beginnt? Oder: Wie hieß der Barman schon wieder? Freddy oder Teddy, oder war das der im «Old Blue»? Oder: Der neue BMW M 5 hat fünf Liter Hubraum, zehn Zylinder, 507 PS Leistung, 520 Newtonmeter Drehmoment und Motordrehzahlen bis

jenseits der Achttausendergrenze. Oder: Schaufelberger ist Anlageberater des Monats geworden. Ha! Der und Anlageberater! Ha! Der und des Monats! Ha, ha! Dass ich nicht lache. Oder: Morgen ziehe ich vielleicht die Krawatte mit den kleinen fliegenden Hündchen an. Passt perfekt zum hellgrauen Sommeranzug. Außer das Wetter schlägt um. Dann wähle ich den Cool-Wool-Dreiteiler. Und dazu die Grün-blau-Horizontalgestreifte. Sonst aber definitiv die mit den kleinen fliegenden Hündchen. Hoffentlich spielt das Wetter mit. Oder: Als mir die Schwandener das Protokoll brachte, hat sie so gelächelt. Irgendwie nicht so, wie man lächelt, wenn man jemandem ein Protokoll bringt. Und auch so wie eine Art gezögert, bevor sie wieder raus ging.
Der Mann besitzt nämlich nicht nur die Freiheit, allein in eine Bar zu gehen, wann immer es ihm passt, sondern auch die, dabei zu denken, was ihm gerade in den Sinn kommt. Und von dieser Freiheit macht er ganz unbefangen Gebrauch.
Außer es beobachtet ihn eine Frau dabei. Dann denkt er immer, immer: Die fragt sich bestimmt: Was macht dieser interessante Mann allein an der Bar?

Martin Suter

Warum müssen Männer immer zappen?

Willkommen in meinem Programm! Gleich wird es interessant, lustig, lehrreich ... Aber wenn Sie als Leserin auch nur ein bisschen so sind wie ich als Fernsehzuschauer, dann blättern Sie jetzt weiter, und wir sehen uns noch mal auf Ihrer nächsten Runde. Denn ich sehe selten einen Sender länger als eine Sekunde. Ich zappe. Dem ungeübten Zuschauer könnte es vorkommen, als würde ich wahllos immer weiterschalten – ohne zu merken, was gerade auf dem Sender läuft, der für zwei Wimpernschläge auf meinem Bildschirm auftaucht. Das ist natürlich falsch, denn korrektes Zappen braucht eine ausgefeilte Technik und eine riesige Erfahrung. Aber dazu kommen wir noch.
Im Prinzip wirkt mein Zappen, als würde man mir beim Angeln zusehen: Technisch gesehen halte ich nur eine Schnur mit einem Haken ins Wasser. Aber in Wahrheit rechne ich in jedem Sekundenbruchteil mit einem Biss. Für Amateure sieht eine Wasseroberfläche aus wie eine träge wabernde Fläche, so wie die Fernsehbilder unter meiner Kontrolle zu einer einzigen Suppe verschwimmen. Aber ich kann sehen und spüren, was unter der Oberfläche liegt (an dieser Stelle möchte ich kurz all die Leserinnen begrüßen, die auf ihrer zweiten Runde wieder in diese Kolumne geschaltet haben). Fast alle Männer können das. Meiner Erfahrung nach können Männer nicht nur hundertmal schneller zappen, es lässt sich grundsätzlich auf

Fernsehgeräten von Männern schneller zappen als auf solchen von Frauen. Denn bei Männern kommen die Sender in der Reihenfolge, wie sie auch in den Programmzeitschriften stehen. Ab Kanal 20 hat man den Bereich der Vollprogramme und Sportsender durch und kann in den Regional-, Kultur- und Nachrichtensendern das Tempo erhöhen, weil man da selten was verpasst. Bei Frauenfernsehern geht das nicht. Ich hatte mal eine Freundin, die hatte auf dem ersten Programmplatz im Wohnzimmer 3sat und im Schlafzimmer den Quizsender 9 Live (sie ist trotzdem ein toller Mensch – ehrlich).

Frauen haben keinerlei Interesse daran entwickelt, Zappen zu lernen. Sondern eine ausgefuchste Waffe entwickelt, um es zu unterbinden. Sie stören einfach die beiden Parameter, die für einen Zapper wichtig sind. Nach langer Vorrede (und hier begrüße ich wärmstens alle Leserinnen, die zum dritten Mal auf dieser Seite angelangt sind) kommen wir also zur Antwort: Männer zappen, wie Hunde ihre Genitalien lecken – weil sie es können. Was uns zu der Frage bringt: Wie geht Zappen?

Zwei Dinge: Jeder Mensch kann mindestens drei Punkte innert einer Sekunde fixieren. Sehr Geübte, also zum Beispiel Fotografen oder Karatekämpfer, nehmen sogar zwölf optische Informationen pro Sekunde auf. Noch wichtiger ist: Im Fernsehen läuft jeden Tag in jedem Jahr das Gleiche. Entweder ein Polizist findet einen Mörder, eine Hausfrau aus Sachsen-Anhalt gewinnt eine Reise in die Türkei, oder ein leukämiekranker Halbwaise verkuppelt seinen Vater mit einer Frau, die der eigentlich zu hassen glaubte. Oder zwei verlieben sich. Oder ein Koch verkauft einen Dampfkochtopf und gibt einen zweiten gratis dazu, wenn man gleichzeitig eine Country-CD bestellt. So ist Fernsehen.

Der stolze Zapper muss also innerhalb von höchstens einer Drittelsekunde aufgrund der visuellen Information entscheiden, ob das gewählte Programm in irgendeinem Punkt so vom Schema abweicht, dass es sich lohnen könnte, länger zuzuschauen. Dabei wird jeder echte Zapper eine eigene Liste von Prioritäten haben. Nur als Beispiel kommt hier ein Teil von meiner: Ich schalte sofort weiter, wenn a) eine Sendung offensichtlich mit einer digitalen Videokamera aufgenommen ist, b) ein deutscher Schauspieler zu sehen ist, c) ein Mensch über 60 zu sehen ist, d) die Farbe des Bilds andeutet, dass die Sendung älter ist als 15 Jahre, aber jünger als 25 Jahre, e) ein Zuschauer ein Mikrofon in der Hand hält, f) jemand in einem weißen Kittel zu sehen ist, und so weiter. Die Liste ist endlos. Andererseits bleibe ich hängen, wenn eine Sendung live ist. Oder auf 35-Millimeter-Film gedreht (wie ein Hollywoodfilm). Zappen, so viel können wir festhalten, beruht auf zwei Säulen: Tempo und unzähligen Stunden vor dem Fernseher. Es ist ein ausgeklügeltes System. Aber ich habe es aufgegeben, einer Frau das erklären zu wollen. Denn Sie wissen, was dann kommt. Die tödliche Waffe. Zwei Sätze. Zuerst: «Wart mal, schalt noch mal zurück!» Dann ist ein leukämiekrankes Kind mit seinem Vater zu sehen. Und es folgt der Todesstoß. Der kleine Satz: «Einen Augenblick. Ich will nur sehen, worum es geht.» Na, worum wohl?

Michalis Pantelouris

Warum lesen Männer so gerne Straßenkarten?

Es ist doch so: Der Mann weiß, wo's langgeht. Wenn er mal nicht weiß, wo's langgeht, dann nimmt er einen Wege-Plan zur Hand. Und wenn er mit dem Auto, sagen wir einem Volvo, unterwegs ist, dann hat er einen eingebauten Wegbegleiter dabei, mit vollautomatischer Ansage. «Noch dreihundert Meter, dann links abbiegen.» Dann biegt der Mann mit seinem Volvo dreihundert Meter später links ab. Sagt seine Lebensgefährtin auf dem Volvo-Beifahrersitz: «Schatz, nach dreihundert Metern musst du links abbiegen», dann biegt er nach fünfhundert Metern rechts ab. Er weiß immer, wohin die Reise geht. Er ist der Experte in Orientierungsfragen. Er findet immer einen Weg, und sei es den falschen. Warum das so ist, erklären wir hier und jetzt.
Alles hat mit dem Feuer angefangen. Vor ein paar tausend Jahren lebten die Menschen noch ohne Volvo, Norwegerpulli und Schwedenofen. Sie hielten sich mit Geschlechtsverkehr und verschärftem Met-Trinken auf Betriebstemperatur. Felle, wie sie später die Sitze von Opel Mantas zierten, waren ihr Stolz und einziges Kleidungsstück. Wurde es dennoch klamm in der Höhle, so hängten sie einen Henkelpott mit Fleisch vom Mammut übers Feuer und setzten sich drum herum. Das Leben war damals noch sehr einfach, und die Menschen waren es auch, und Mammutfleisch an seiner Brühe war einfach mega-angesagt.

So einfach waren sie gestrickt, die Menschen der Vorzeit, dass sie es bisweilen mit dem Feuer aufnehmen wollten. Jedenfalls die Männer. Purer Übermut! Überkam sie nach übertriebenem Met-Genuss ein Bedürfnis, so schlugen sie sich nicht wie anständige Menschen in die Büsche, sondern schlugen, hastdusgesehen, das Wasser am Feuer ab. Wo so ein richtiger Naturbursche der Frühzeit hinstrullte, loderte keine Flamme mehr. Da war der Ofen aus beziehungsweise das Feuer. Und das Suppenfleisch vom Mammut natürlich noch gar nicht à point.

Bis heute lieben es kleine Jungs, mit ihrem Pipistrahl das Lagerfeuer zu begatten. Mamis sehen das gar nicht so gern, vor allem dann nicht, wenn sie gerade Cervelats auf der Glut haben. Schon am vormodernen Brandherd musste so ein viriles Feuerlöschkommando zu entschiedenem Widerstand der Frauengruppe führen. Ein immenses Konfliktpotenzial tat sich da auf, ja man möchte fast von einem Brandsatz im Geschlechterkampf sprechen.

Das wusste auch Sigmund Freud. Er hat den Zusammenhang zwischen «Ehrgeiz, Feuer und Homoerotik» 1938 in seinem «Abriss der Psychoanalyse» beschrieben. Freud folgerte, dass allein «das Weib zur Hüterin des auf dem heimischen Herd gefangen gehaltenen Feuers bestellt» sei. Weil ihr anatomischer Bau es naturgemäß schwerer macht, ein Feuer auszupinkeln. Somit waren die Geschlechterrollen verteilt. Der Mann musste aufhören, seinen Schlauch gegen die Flammen zu richten. Er musste hinaus in die große Welt, Mammut um Mammut erlegen, während die Frau, das Weib, die Brandstelle bewachte.

So ist es bis heute geblieben. Höchstens bei der freiwilligen Feuerwehr darf der Mann noch so richtig löschen.

Sublimationshalber wendet er sich den modernen Grillgerätschaften zu. Die kokelnden Briketts in einer bauchhoch angelegten Feuerschale sind allerdings homoerotisch keine Herausforderung mehr. Außerdem hindert die Schürze mit dem Aufdruck «Hier kocht der Papi» am Rückfall in archaische Triebregungen. Da bleibt die Hose tot und zu. Aber wir schweifen ab.
Die Wahrheit ist: Der neuzeitliche Mensch, vom Feuer vertrieben, irrt verloren durch die Weltgeschichte. Er muss nicht einmal mehr Mammuts jagen, sondern nur noch mit dem Volvo zum Metzger um die Ecke. Treibt es ihn weiter hinaus, braucht er Wegmarken zurück zu Frau und Feuer. Musik von John Denver zum Beispiel, «Country roads, take me home, to the place, I belong». Oder Landkarten. Oder eben diese automatischen Wegweiser, bei denen ausgerechnet eine Frauenstimme säuselt: «Noch dreihundert Meter, dann links abbiegen.» Sie lockt ihn zurück zu Feuer und Brunst.
Der Mann biegt dann nach dreihundert Metern links ab, zum Hort seiner lodernden Leidenschaft. Und die Lebensgefährtin auf dem Beifahrersitz lächelt wissend in sich hinein.

Jochen Schmid

Warum wollen Männer nie etwas wegwerfen?

Wir Männer werden perfekt geboren. Frauen können also gar nicht anders, als uns zu lieben, zu herzen, zu ernähren und herumzutragen. Bis mit den ersten Pubertätsschüben unser Schicksal seinen Lauf nimmt. Haben wir das Leben mit einem prall gefüllten Konto an Lebensfreude, Klugheit, Charisma und duftender Haut begonnen, setzt nun der Niedergang ein, und die Frauen beginnen, von uns abzurücken: Pickel, erotische Verwirrungen, überhöhte Geschwindigkeit, Alkohol und Liebesgedichte sind die äußeren Zeichen des großen männlichen Lebensdramas, das da überschrieben ist mit der Zeile: «Es geht von Anfang an dem Ende zu!»
Es mag zwischendurch kurze Momente geben, in denen wir glauben, dass sich das ständige Verlieren und Verschwinden umzukehren beginnt und wir etwas dazubekommen: Macht zum Beispiel, zwölfzylindrige Autos, Uhren, die auch George Clooney trägt, Lebensweisheit, die Traumfrau. Mag sein, dass es in dem Moment wirklich so ist – aber diese rauschhaften Phasen des Gewinns sind kurz, und bald schon sieht man uns Männer wieder dasitzen, auf unsere Uhr blicken und denken: «Clooney ist passé. Drecksuhr!»
Womit wir zur These unserer kleinen Meditation kommen. Sie lautet (nur schlüssig nach diesem sich behände in die Depression vorarbeitenden Intro): Weil wir Männer unter

dem Eindruck leben, alles entschwinde uns, versuchen wir festzuhalten, was sich festhalten lässt. Dieser archaische Hang zum Festhalten verträgt sich sehr schlecht mit der Frage der Freundin beziehungsweise der Frau, wann wir denn endlich das Paar Jeans in den Abfall tun wollten, so zerschlissen, wie sie seien.
In den Abfall! Diese Jeans! schreit es in uns. Und sind die ungläubigen Schreie erst verklungen, beginnen wir uns zu fragen, wie jemand so unsensibel sein kann, so etwas von uns zu verlangen. «Das sind», sollten wir sagen, wären wir nur in der Lage, einigermaßen adäquat über unsere Gefühle Auskunft zu geben, «das sind nicht irgendwelche Jeans, sondern die habe ich mir als Belohnung nach den großen Abschlussprüfungen in der Nähe der Uni gekauft. An einem strahlenden Sommertag, gemeinsam mit Uschi, Mann, sah die damals scharf aus, und wir haben sie gemeinsam in der Umkleidekabine probiert, erst sie, dann ich ...» Aber weil wir all das nicht sagen können, murmeln wir nur «Mal sehen!», nehmen die Jeans an uns und legen sie ganz unten in den Hosenstapel. Gerettet, zumindest für den Moment.
Fragen Sie nicht, welche weiteren Dinge es im Leben eines Manns gibt, über die sich solche Geschichten erzählen ließen. Fragen Sie lieber, über welche nicht! Der Kosmos eines Manns besteht nämlich aus unzähligen Gegenständen, die sich in dem Moment, da sie in sein Leben treten, mit Geschichten und Geschichte vollsaugen. Dabei ist es ziemlich belanglos, ob es sich um Briefe, Kleidung oder kleine Schrauben mit ausgeleiertem Gewinde handelt. Jeder Einzelne und jedes Einzelne verdient es, respektiert, umhegt und vor allem aufbewahrt zu werden,

wirkt es doch wie ein weiterer Stein im Bollwerk gegen das allgemeine Verschwinden und Verlieren im männlichen Leben.

Was immer Sie als jemand, der sein Leben mit einem Mann teilt, zur Hand nehmen mögen, Sie werden auf die Frage, ob Sie die Sammlung alter LPs mit den ausgeblichenen Covers, das alte Rennrad, die knallorangen Skier aus den Achtzigern oder das Santana-T-Shirt wegwerfen können, stets dieselbe Antwort erhalten: «Lieber nicht!»

Umgeben von ihren Dingen, wähnen sich die Männer in Sicherheit gebracht nicht nur vor dem schleichenden Abstieg, sondern auch vor dem ganz großen Ende, vor dem sie ganz große Angst haben und an das sie daher am liebsten gar nicht denken (diese männliche Fähigkeit zum Ausblenden der wirklich dicken Lebensfragen ist übrigens auch der Grund, warum sie nicht zum Arzt gehen, weil sie nämlich der Ansicht sind, dass erst das Drandenken sie krank macht und umbringt).

Weil aber Männer nicht dumm, sondern nur partiell unintelligent sind, wissen sie natürlich, was sie da machen und dass der Tag kommen wird, an dem das große Wegwerfen beginnen wird, sei es beim nächsten Umzug oder anlässlich ihres Tods. Deshalb haben sie so schöne Dinge wie Kunstwerke und Zeitungsartikel erfunden, damit wenigstens irgendetwas von ihnen bleibt, wenn schon nicht die zerschlissenen Jeans, die sie mit ihrer Ex gekauft haben.

Christian Ankowitsch

Warum lieben Männer virtuelle Frauen mehr als reale?

Liebe, hochverehrte Frauen, maßlos würdet ihr meine Vorurteile über eure überragende Intelligenz, überlegene Herzensgüte und praktische Klugheit enttäuschen, wenn ihr euch diese Frage tatsächlich stellen würdet. Denn die Antwort ist so einfach wie naheliegend: Virtuelle Frauen sind perfekt.
Es ist doch so: Ein Mensch ist für einen Menschen die Summe der Wahrnehmungen seines Gegenübers. Diese Wahrnehmungen werden an die Schaltzentrale weitergegeben und dort mehr oder weniger verarbeitet. Und auch wenn dies ein gruseliger Gedanke und nicht für schwache Herzen geeignet sein mag: Für einen Mann findet eine Frau ausschließlich im Kopf dieses Mannes statt.
Und im Gegensatz zu den echten Frauen, die eigene Meinungen haben, eigenen Interessen nachgehen, eigene Urteile fällen, sind virtuelle Frauen perfekte Projektionsflächen des Mannes. Sie lächeln möglichst dümmlich und möglichst dünn bekleidet von den Plakatwänden herunter, die letzten Spuren erkennbaren biologischen Daseins werden wegretuschiert, und nun stehen, sitzen und liegen diese Frauen da als Leinwände für die unbeschränkten Fantasien der Männer, die einer lebenden Frau schrecklich beschränkt erscheinen werden.
Im Gegensatz zu den echten Frauen, die nach einem zehnstündigen Arbeitstag nicht nur nach Rosenwasser riechen,

die beim Verzehren eines köstlichen Pastagerichts gelegentlich ein Geräusch machen können und die vom regelmäßigeren Verzehren von Pastagerichten fassbare Formen entwickeln, sind virtuelle Frauen vollkommen. Sie duften stets nach dem Toilettenwasser der Saison, sie sind stets lachhaft schlank, und sie können mit einem würdigen Lächeln Kleider tragen, die zu den besten Tagen der spanischen Inquisition als Folterinstrumente zugelassen worden wären.

Im Gegensatz zu den echten Frauen, die im Lauf der Jahre an Weisheit dazugewinnen und jedes tausendste Lachen mit einer kleinen Unglätte an den Augenpartien verewigen, leben virtuelle Frauen in die andere Richtung. Sie werden immer jünger und ihr Alterungsprozess scheint darin zu bestehen, dass ihre Beine immer länger werden.

Schauen Sie sich die virtuellen Frauen an! Immer blütenweißer sind diese Projektionsflächen im Lauf der Zeit geworden. Die Playmates der Fünfzigerjahre würden es heute nur noch in Spezialhefte für dickliche Frauen schaffen; die einst für überirdisch schön erachtete Marilyn Monroe sieht man heute als das nette Mädchen vom Land, das sie war. Die Busenumfänge sind um Dimensionen gewachsen, die Lippen sehen aus wie grotesk verirrte Schlauchboote.

Doch grämen Sie sich nicht. Und gehen Sie keinesfalls zu einem Chirurgen, um sich der virtuellen Frau anzupassen! Sie haben keine Chance in diesem Wettkampf. Wenn es Ihnen mal schlecht geht, stellen Sie sich einfach vor, wie so ein Mann bei einem Preisausschreiben eine Begegnung mit dem Fotomodell seiner Träume gewonnen hat. Er klopft an ihre Tür, sie öffnet, küsst ihn auf beide Wangen und furzt

dann. Und alle Träume von Vollkommenheit lösen sich im Gestank des gestrigen Bohnengerichts auf.
Während also die Welt komplizierter geworden ist, Frauen mancherorts in Führungspositionen auftauchen, die Ehe nicht mehr weiblichem Sklavenhandel gleichkommt, Frauen Mitglieder in Sportclubs und Armeen werden dürfen, sind im gleichen Maße die virtuellen Frauen immer virtueller geworden. Und wenn der Mann dann in seine Einzimmerwohnung am Stadtrand nach Hause kommt, seine Chefin hat ihn heute richtig rund gemacht, das Geld vom Job muss er sowieso seiner Ex-Frau und den Kindern überweisen, dann macht er den Fernseher an oder geht ins Internet oder schlägt die Zeitung auf, und dann findet er sie: seine perfekte Partnerin. Sie hat niemals eine Meinung, es sei denn, es ist genau seine Meinung. Sie will immer Sex, und es ist ihr egal, wie dieser Sex aussieht, Hauptsache, er hat Spaß. Sie riecht nicht, sie isst nichts, sie hat überhaupt keine Bedürfnisse, außer für ihn da zu sein.
Und er wird sie immer lieben. Denn zwar wird ihr Busen alljährlich größer werden. Und ihre Augenfarbe wird sich verändern, möglicherweise frei wählbar per Mausklick. Und ihre Haare werden länger werden oder kürzer. Aber er wird sie immer lieben, denn sie ist perfekt.

Jakob Hein

Warum spielen Männer Luftgitarre?

Zum ersten Mal gesehen habe ich es auf einer Party bei Matze Danner, ca. Herbst 1983. Matze wurde sechzehn, und sein älterer Bruder hatte ein paar Freunde mitgebracht. Einer von denen wirkte sehr, sehr cool. Er hatte lange Haare, wie sie eigentlich nicht mehr modern waren. Von New Wave, Poppertum oder New Romantic hatte der noch nie gehört. Er trug eine verwaschene Levi's, ein Jeanshemd von Wrangler und Cowboystiefel. Eine ganze Zeit hatte er in der Ecke auf einer Matratze gesessen, Rotwein aus einer Korbflasche getrunken und sich Zigaretten gedreht. Ein chartgläubiger DJ aus der Parallelklasse hatte die Hits des Jahres rauf und runter gespielt: «Hey Little Girl», «Let's Dance», «Too Shy», «Last Night a DJ Saved My Life» – solche Sachen halt. Plötzlich aber nahm sich Matzes Bruder des Plattenspielers an, und dann brach ein Gewitter über die bis dahin gesittete Party herein. Später erfuhr ich, dass es sich dabei um «Love Hunter» von Whitesnake handelte, und zwar live. Das war damals nicht meine Musik. Im Mai 1982 war ich beim Konzert von Simon and Garfunkel im Dortmunder Westfalenstadion gewesen, das sagt alles.

Als David Coverdale brüllte «I need a woman to treat me good/And give me everything a good woman should», enterten die Freunde von Matzes Bruder die Tanzfläche und fingen an, ihre Köpfe schütteln, die Haare fliegen zu lassen, mit Fäusten in die Luft zu boxen. Auch der coole Selbstdreher sprang auf, schob sich die Packung Drum in die hintere Hosentasche und machte mit – und zwar im wahrsten Sinne des Wortes. Er bewegte sich nicht einfach zur Musik, sondern schien die Musik selbst zu erzeugen. Seine linke Hand umklammerte einen imaginären Gitarrenhals, die rechte hämmerte mit einem unsichtbaren Plektron auf Saiten ein, die nicht da waren. Das sah schon ziemlich gekonnt aus, aber als die Nummer sich öffnete zu einem ausufernden Solo des Gitarristen Micky Moody, lief der Coole zur Hochform auf. Plötzlich konnte man die Gitarre praktisch sehen. Das Solo spielte Frage und Antwort mit dem Publikum, und die ganze Party grölte mit. Der Coole hielt auch Schritt, als Moody das Tempo immer mehr anzog. Am Ende hätte ich beinahe applaudiert.

Damit hat es wohl bei mir angefangen. Na gut, ich verfiel auf den Partys der folgenden Jahre nicht automatisch und pausenlos ins Luftgitarrespielen, aber dann und wann, wenn es nötig war, wenn ich gar nicht anders konnte, oder wenn man vermuten durfte, dass Frauen anwesend waren, die sich eventuell durch musikalische Virtuosität und die Bereitschaft, aus sich herauszugehen, beeindrucken ließen, dann musste es sein. Natürlich sah das immer etwas albern aus, und je älter man wurde, desto alberner wirkte es. Vielleicht wirkt es irgendwann wieder cool oder wenigstens putzig, so wie schlüpfrige Sprüche des kranken Greises im Krankenhaus kein Sexismus mehr sind, sondern Ausdruck der geistigen Regsamkeit eines alten Herrn.

Im Fernsehen habe ich mal eine Frau gesehen, die es getan hat, aber eigentlich ist das Luftgitarrespielen eine männliche Domäne. Das liegt sicher nicht daran, dass es

Männern leichter fällt, sich lächerlich zu machen. Wer jemals eine Horde betrunkener Frauen Mitte Fünfzig auf einem Kegelausflug erlebt hat, wird wissen, was ich meine. Das Luftgitarrespielen hat seinen Ursprung im männlichen Balzverhalten, ist das Äquivalent des schwellenden Kammes eines geilen Hahnes, der die Hennen durch seine Bewegungen scharf macht. Oder machen will. Gleichzeitig haben Männer das tiefe Bedürfnis, Teil von etwas Großem zu sein, Teil der Emotionsmaschine Rockmusik: Ich könnte selbst auf der Bühne stehen und genau das machen, was der Typ mit den langen Haaren da macht, wirklich, ich muss es nur wollen!

Später, wenn das Haus gebaut, der Baum gepflanzt, der Sohn gezeugt ist, bringt dich die Luftgitarre wieder dahin zurück, wo alles angefangen hat, zurück in die Zeit, als alles so folgenlos schien, so offen und unschuldig, verglichen jedenfalls mit der Jetztzeit, wo die Hypothek drückt, der Sohn sich vom Vater abwendet und der Apfelbaum einfach nur Arbeit macht, während auch noch die schmutzige kleine Affäre mit der Praktikantin aufzufliegen droht, hackt die Luftgitarre dir eine Schneise zurück in dein früheres Leben. Und es kann so befreiend sein, etwas zu tun, was andere für völlig bescheuert halten. Luftgitarrespielen ist jedenfalls ungefährlicher als plötzlich mit dem Harleyfahren anzufangen.

Frank Goosen

Wie Männer lieben
und warum sie so romantisch sind

Was denkt ein Mann morgens vor dem Kleiderschrank?

Jeden Morgen denke ich an Kristina. Manchmal mit Dankbarkeit und Stolz, öfter jedoch mit Wehmut und Scham. Zuvor aber stehe ich auf, dusche und inspiziere dann den Kleiderberg, der sich über dem Stuhl in meinem Schlafzimmer auftürmt. (Ja, Männer beriechen in der Früh Vortagstextilien, und ja, sie denken Sätze wie «Kann man durchaus noch mal tragen», und nein, sie machen es dann doch nicht.) Als Nächstes gehe ich den Keller und überprüfe den Wäscheständer, obgleich ich weiß, dass die Lieblingsjeans immer noch feucht und das Lieblingshemd immer noch ungebügelt ist, aber es könnte ja ein Wunder geschehen sein.
Erst dann öffne ich meinen zum Bersten gefüllten Kleiderschrank und sollte denken: Da muss doch was dabei sein. Oder: Ich muss unbedingt mal ausmisten! Stattdessen denke ich an Kristina.
Kristina war eine Zugezogene, wie man bei uns in der Kleinstadt sagte, sie trat in der zehnten Klasse in mein Leben und verließ es in der elften. Wohin, weiß ich nicht, «irgendwohin, wo es Flohmärkte gibt», sagte sie, denn die gab es bei uns nicht.
Bei uns gab es alle drei Monate die Altkleidersammlung der Kirche, und daran hatte sich jeder zu beteiligen, jeder, schließlich standen die Säcke an der Straße und wurden von jedem gesehen. Nicht zu viele Säcke durften dort

stehen, damit man nicht für einen neureichen Großkotz gehalten wurde. Aber auch nicht zu wenig, schließlich wollte man als barmherzig gelten. Die Altkleidersammlung war mehr als eine Spende, sie war ein komplexes, perfides System zur Aufrechterhaltung der kleinbürgerlichen Fassade, und unsinnig war sie bisweilen auch. Meine Tante Erika zum Beispiel schnitt manchmal Löcher in ihre ausrangierten Kleider, weil sie Angst hatte, dass eine der Stadtstreicherinnen die Säcke durchwühlen und fortan mit ihren alten Sachen rumlaufen könnte.
Eines Samstagabends holte Kristina mich überraschend ab. Wir blieben bis zur Polizeistunde in der Kneipe, gingen anschließend spazieren, und um zwei Uhr nachts war ich verliebt, und sie hatte einen Komplizen. Nach einem zuvor bis ins kleinste Detail ausgeklügelten Plan streiften wir dann durch das menschenleere Städtchen und entwendeten ausgewählte Altkleider aus ausgewählten Säcken. Genau genommen waren es 14 abgelegte, wild kombinierte Outfits, die wir mitnahmen, exakt 14, denn so viele Schaufensterpuppen gab es damals bei uns, verteilt auf drei Geschäfte.
Bei «Schmidt's Fashion Point» stand die Hintertür offen. Wo Frau Berger von der «Boutique Uschi» ihren Schlüssel hinterlegte, wussten wir. Nur bei «Sander. Bekleidung für jeden Bedarf» mussten wir ein Kellerfenster einschlagen. Es graute bereits der Morgen, als wir endlich alle 14 Puppen umdekoriert und gut sichtbar in die Schaufenster zurückgestellt hatten, und der Tag brachte es dann ans Licht: Selten waren so viele Menschen in unserer kleinen Fußgängerzone unterwegs wie an diesem Sonntag. Die einen lachten, andere entrüsteten sich, viele flohen gleich

wieder, aber gesehen haben es alle. Und was sie sahen, waren sie selbst oder ihre Nachbarn: Der Anzug des Pfarrers hauchte der einen Schaufensterpuppe Leben ein, die Jacke des Lokalreporters entstellte eine andere bis zur Unkenntlichkeit (was vielleicht an der völlig verdreckten Hose des stadtbekannten Trinkers lag, mit der sie kombiniert war), wieder eine andere Puppe trug unten die viel zu großen Beinkleider des Bürgermeisters und oben den grauenhaften Blouson seiner Geliebten, Tante Erikas zerlöchertes Kleid ließ sich ebenso bestaunen wie der Cordrock von Frau Hofer, und, und, und ...

Einen Tag lang guckte das Städtchen in einen grotesken Zerrspiegel, einen Tag lang war die Verlogenheit unseres Lebens sichtbar, dann war der Spuk vorbei. Die Puppen trugen wieder modernes Zeug, die Altkleidersäcke wurden fester verschnürt und von einer freiwilligen Bürgerwehr bewacht, und alle schwiegen. Ein Jugendstreich wäre scharf geahndet worden, aber von einem gezielten Schlag ins Gesicht erholte man sich durch Schweigen. Es gab keine Anzeige, keinen Zeitungsartikel, nichts.

Ein paar Monate später zog Kristina weg, und ich Feigling habe es so lange versäumt, mich bei ihr zu melden, bis sich ihre Spur verlor. Was meinen Schrank angeht: Darin liegt mehr begraben als Kleidung, die ich nicht mehr anziehe. Kristina, ich denke an dich, jeden Morgen.

Jess Jochimsen

Kann ein Mann als Single glücklich sein?

Letzte Nacht träumte ich, ich sei im Kino. Sie zeigten einen alten Hitchcock-Film, «Rebecca». Links neben mir im Sessel saß Roger Willemsen. Rechts neben mir auch. Vor und hinter mir ebenfalls. Das ganze Kino war voll von Roger Willemsens. Hunderte! Schreckensbleich wachte ich auf, das schweißnasse Kissen unter mir.
Warum ich Ihnen das erzähle? Roger Willemsen ist Single. Ich grad auch. Da passiert es manchmal, dass einem die Wahrnehmung durcheinander geht, weil man Angst hat, den Rest des Lebens nur noch auf sich selbst zurückgeworfen zu sein. Oder auf 425 Roger Willemsens. Ich weiß nicht, wie es Roger geht (er liest ja immer, und wenn er nicht liest, schreibt er), aber zumindest von mir kann ich sagen: Die Single-Existenz ist selbstverständlich eine komplette Menschenverschwendung.
Natürlich braucht der Mann die Frau, ständig. Immer ist sie in seinen Gedanken, stets hechelt er ihr nach, egal ob eingebildet oder in echt. George W. Bush, Besitzer des Universums, könnte mir das Universum überreichen mit den Worten «Alles für dich, mein Gebieter», ich würde den ganzen Kram eintauschen gegen die eine Frau, die die meine sein soll, denn alles auf der Welt wurde nur erfunden, damit sich das Paar Mann/Frau daran erfreut: Fels und Stein zum Stelldichein; die Bäume zum Herzreinritzen; die Tiere zum Grillen; das Bett für die Liebe; und das

Fernsehen, um sich darin anzugucken, wie die anderen all diese Sachen machen. Ohne Frau trag ich Fels und Stein im Herzen; ist der Baum mir grüner Galgen; lachen mich die Tiere aus; ist das Bett bloß Gegenteil von nett. Der einsame Mann, früher Heros, ist heute eine lächerliche Figur, zu nichts nütze, außer zum Selbstmordattentat oder zum Kauf von Unterhaltungselektronik.

Das Problem ist nur: Mit Frau ist es ja leider meist auch nicht groß anders. Selbst wenn er optisch und inhaltlich mit ihr zufrieden ist, beginnt der Mann zu quengeln wie ein Kleinkind, nachdem er mit der Frau zusammengezogen ist. Herrschte eben noch die Hölle der Einsamkeit, herrscht nun die Hölle der Zweisamkeit. War uns die Welt eben noch zu weit, ist sie uns nun zu eng. Der Mann geht entweder für immer Zigaretten holen oder provoziert, dass die Frau ihn verlässt. Der Grund dafür ist so offensichtlich, dass sich ihn kaum ein Mensch zu sagen traut, weshalb Sie hier nun Zeuge einer Wahrheitsverkündung von Weltrang werden dürfen: Frau und Mann sind so selten miteinander glücklich, weil die Frau das Glück, der Mann aber das Unglück liebt. Denn während die Frau sich auf die Weiterentwicklung freut, auf den Weg hin zu Ehe, Heim, Kindern, Omaexistenz, während sie diesen Weg akzeptiert, sträubt sich der Mann mit aller Kraft dagegen, selbst wenn er die Frau liebt und mit ihr zufrieden sein könnte. Genau darum aber geht es: Er ist gern unglücklich. Glückliche Männer gibt es eigentlich gar nicht. Glückliche Männer sind langweilig und stumpf, sie produzieren nichts: keine Kunst, keine Literatur, keine schönen Lieder, keine gelungenen Witze, keinen Zynismus, keine leeren Weinflaschen, kein Leben.

«Ohne sein Unglück ist der Mann ein Unglück», sagt mein Freund, der Signore (kein Italiener, tut aber immer so), der es schon über hundertmal ernst meinte mit den Frauen und heute auch wieder Single ist und in diesem Augenblick mit einer Flasche Averna in der Hand an meinem Küchentisch sitzt und wimmert. Denn natürlich tut ihm der Zyklus Frau/ohne Frau weh, natürlich leidet er darunter wie Berlusconi, als er Prodi Italien überlassen musste. Die Liebesexistenz des Mannes ist eine einzige große Tragödie, und ihr Sinnbild ist Roger Willemsen: ein einsamer Single-Tropf, der so wirkt, als suche er die Liebe, während er in Wirklichkeit doch lieber bei seinen Büchern bleibt, weil er meint, in ihnen das aufregendere Leben vorzufinden. Kein Wunder, dass mir vor Schreck der Schlaf aus den Augen fiel bei solchen Zukunftsaussichten.

Einen Moment aber gibt es, in dem der Einzelmann sein Leben mit voller Kraft genießt: die Euphorie, in die er fällt, wenn das Versagen mit der vorherigen Frau vergessen ist und die Hoffnung auf eine neue sich breit macht. Genau fünf Minuten lang läuft er frischen Schrittes durch die Welt, scheint ihm alles möglich, alle Magie, alle Jugend, alle Frauen, alles Glück. Fünf Minuten unseres Lebens, die wir dann «Romantik» nennen und für die wir ganz offensichtlich zu sterben bereit sind, Roger Willemsen und ich. Solche Deppen sind wir.

Marc Fischer

Wie viele Männer darf eine Frau vor dem Richtigen gehabt haben?

Das will ich Ihnen sagen. Beginnen wir mit der Traditionalistenposition, die besagt: keinen! Bis zur Heirat darf das Hymen unter keinen Umständen durch Fleischesfreuden beschädigt werden. «True Love Waits» heißt das in der Werbeslogan-Formulierung von US-Christen und gehört zum Standardrepertoire von Fundamentalisten jeglicher Couleur.

Nun ist es ja richtig, dass jedermann – selbst der Christenayatollah und Muslimfrömmler also – tun und lassen können soll, was ihm beliebt, solange dabei die Nerven der Mitmenschen nicht allzu sehr strapaziert werden. Doch leider kann der religiöse Eiferer nicht einfach still heilige Bücher lesen. Er muss predigen und missionieren. So tragen True-Love-Waits-Anhängerinnen am TV gerne und mit dem stets gleichen angewiderten Gesichtsausdruck den Vergleich vor, wahre Liebe warte, weil ja niemand einen «abgegessenen Apfelbutzen» heiraten wolle.

Wäre der Vergleich stichhaltig, so wäre von mir gar kein Butzen mehr übrig. Ich wäre ein schwarzes Loch. Pure Antimaterie. Und mich packt kaltes Grausen, wenn ich mir vorstelle, wie sich zwei Wahre-Liebe-hat-gewartet-Gläubige in der Hochzeitsnacht als im wahrsten Sinn des Worts blutige Anfänger miteinander abmühen.

Nein, nein, meine Damen, wenn Sie es mit dem Richtigen im Bett angenehm und lustig haben wollen, dann braucht er dafür etwas Erfahrung mit dem anderen Geschlecht. Und für Sie gilt das selbstredend auch. Damit wartet man nicht bis zur Hochzeitsnacht, sondern sondiert zuvor, wenigstens, äh, stichprobenhaft.

Ja? Bitte? Das wissen Sie schon? Und Sie wollen jetzt aber genau wissen, wie viele Männer eine Frau haben darf? Also ich bitte Sie! Dieses momentan so beliebte, besorgte Gefrage, ob man dies oder jenes dürfe, ist von einer so gouvernantenhaften Betulichkeit, dass die Antwort schon aus Gründen der Selbstachtung lauten muss: so viele wie Sie wollen! Wenn Sie aber meinen Rat wollen: am besten viele.

Guter Sex hängt auch von Erfahrung ab. In Sachen Unterrum gilt: Übung macht die Meisterin. Dabei geht es nicht so sehr um technische Kniffe oder Fingerfertigkeiten, sondern darum, dass man eher mit Humor als mit Stress reagiert, wenn es zwischen den Laken plötzlich sehr intim wird.

Seit meinen Zwanzigern bevorzuge ich deswegen Damen über dreißig, und es war mir – abgesehen vom Knackarschfaktor – immer ein Rätsel, wieso sich so viele meiner Geschlechtsgenossen auf junge Frauen versteifen.

Ganz im Einklang mit der Männerwelt bin ich dagegen bei der Frage nach dem Richtigen: Der Richtige, meine Damen, bin immer ich, ob fürs Leben, für eine Affäre oder ein Schäferstündchen. Die mentale Ausstattung von Männern lässt keinen anderen Schluss zu. (Was Männer allerdings nicht unbedingt davon abhält, im Ernstfall den Schwanz einzuziehen.)

Dafür, dass auch Sie die Definition des Richtigen großzügig auslegen sollten, sprechen Scheidungsstatistik und

Lebenserfahrung. Stellen Sie sich doch vor, Sie wären noch immer mit dem allerersten, den Sie für den Richtigen hielten, zusammen!
Ich plädiere also für Mut und Abenteuerlust. Doch es gibt natürlich so manchen Mann, der von der Angst, nicht zu genügen, besessen ist, und der in jedem, der vor ihm war, einen Konkurrenten sieht, der vielleicht besser war. Begegnen Sie diesem Männertypus wie einem Kind, das eine Bastelarbeit präsentiert: Loben Sie selbst den größten Schrott. Oder tauschen Sie ihn wieder ein.
Der wichtigste Vorteil erfahrener Damen: Der aktuelle Herr der Wahl muss nie befürchten, die größte Pfeife zu sein – es hat immer schon eine größere vor ihm gegeben. Außerdem sind Damen mit Vorleben unterhaltsamer. Was, weil wir immer älter werden, immer wichtiger wird. Niemand will im Altersheim die Katzenkisten-Anekdoten von Schnurrli hören. Aber Liz Taylor wird in der Betty-Ford-Klinik immer wieder von den Eheeskapaden mit Bauarbeiter Larry Fortensky erzählen können. Und Mae Wests Lebenslust kreierte Bonmots wie: «It's not the men in my life that count, it's the life in my man.»

Thomas Haemmerli

Wann macht ein Mann einen Heiratsantrag?

Wenn er vernünftig ist, nie. Außer natürlich, er hat tatsächlich jene Prinzessin gefunden, deren Marotten er ein Leben lang ertragen kann. Weil sie ansonsten eine aufmerksame und liebevolle Partnerin ist, bestimmt eine gute Mutter wird, mit Spaß und Erfolg einer Arbeit nachgeht, lecker kocht und genug Fantasie hat, um ihn bis ins hohe Alter lustvoll und nach allen Regeln der Kunst zu verführen. Man muss also ein bisschen naiv sein, um heiraten zu wollen.
Lange war ich nicht naiv genug. Als auf- und abgeklärter Urbanist berief ich mich gern auf traurige Trennungsstorys, die Scheidungsstatistik und soziopsychologische Erkenntnisse. Ich argumentierte mit der für Männer ungerechten Gesetzesschreibung im Falle einer Scheidung und der grundsätzlichen Ablehnung einer Verstaatlichung der Liebe. Ich war der typische mutlose Spießer von heute.
Bis sie kam, mit gefrorenen Aprikosenhälften über meinen Körper fuhr und mich in der rosaroten Badewanne mit Gummibärchen fütterte. Statt in endlosen Diskussionen Gefühle zu ermorden, schaute sie lieber DVDs, am besten gleich drei am Stück. Mit ihrem Glauben an sich selbst brachte sie mir den Glauben an eine funktionierende Beziehung bei. Und weckte die Lust auf das wohl größte Abenteuer für Stadtneurotiker: Zweisamkeit in Ewigkeit.

Seit bald drei Jahren nun schläft sie Nacht für Nacht auf meiner Brust ein. Und ich gebe mir Mühe, wach zu bleiben, bis sie in ihrem Traum angekommen ist und zwei-, dreimal zuckt. Das rührt mich jedes Mal von neuem, und ich möchte niemals im Leben mehr darauf verzichten.
Darum habe ich, bevor wir nach Spanien flogen, zwei Ringe gekauft. Valencia sollte Pate stehen für die Zukunft unserer Leben, und ich würde um die Hand meiner Liebe anhalten zu einem Zeitpunkt, an dem sie nicht damit rechnet. Und nicht erst, wenn ich schon nicht mehr hören kann, dass es endlich Zeit wäre. Wenigstens musste ich keine Angst haben, dass sie mir zuvorkommt. Dafür hat sie zu viel Stil.
Ein Heiratsantrag gehört nämlich zu den wenigen Dingen, die für immer dem Mann vorbehalten sind. Ich meine: Eine Frau, die dem Mann einen Antrag macht, das ist vielleicht naiv. Und hysterisch und torschlusspanisch dazu. Damit stiehlt sie ihm das Gefühl, die Frau des Lebens zu erwählen – und die Kraft, auch in Krisenzeiten daran zu glauben.
Frauen, die Männer fragen, sind einfach keine Prinzessinnen.
Wir kamen in Valencia an. Und hatten einen dieser typischen Streite zum Ferienanfang. Um ein Haar hätte ich die Ringe im Meer versenkt. Aber die (wie immer) dramatische Auseinandersetzung renkte sich (wie immer) schnell wieder ein. In der Nacht vor dem Antrag schlief ich wenig. Immer wieder ging ich die richtigen Worte durch und sprach mir Mut zu für das Quäntchen Kitsch, das mit so einem Antrag einhergeht.
Mittagszeit, die Promenade am Strand war menschenleer. Die Ringe lagen wie Anker in meiner Hosentasche. Ein

malerisch verhangener Himmel wölbte sich über dem grünen Meer. Das leise Rauschen der Wellen, der Duft nach Paella aus der Fischerkneipe: Beherzt bat ich meine Liebste, sich auf die Steinbank zu setzen. «Muss das sein?», entgegnete sie. «Können wir nicht endlich essen gehen?» Eine hungrige Frau ist schwierig umzustimmen. Doch wenn ich mich jetzt nicht durchsetze, dachte ich, wie dann in der Ehe? Ich wurde etwas strenger. Sie setzte sich; wahrscheinlich war sie vor Hunger so schwach.

Und in meinem Kopf war plötzlich alles weg. Ich fühlte mich wie früher in der Schule an der Tafel. Ich begann ohne Aufbau, ohne Taktik, erzählte von der «Alinghi», die hier zum America's Cup auslaufen wird, vom Team, das bei Flaute wie bei Sturm zusammenhalten muss, von der Zukunft unter dem weiten Himmel, den wir uns stets offenhalten werden. Dann ging ich auf die Knie und fragte: «Willst du den Rest deines Lebens mit mir verbringen?»

Tränen schossen in ihre schönen Augen, die Vögel sangen, die Engel spielten Harfe, die Seele loderte. Meine künftige Frau zog mich zu sich, schluchzte: «Natürlich will ich!», küsste mich mit salzigen Lippen, immer wieder, und sagte völlig aufgelöst: «Lass uns jetzt essen ... und dann muss ich mich irgendwie wieder beruhigen ... Am besten, wir gehen shoppen.»

Es gibt noch wahre Prinzessinnen!

Matthias Mächler

Warum stehen junge Männer auf ältere Frauen?

Die Frau meines Lebens hatte einen Makel. Sie war älter als ich. «Zu alt für dich», hätte meine Mutter gesagt, hätte sie von der Liaison erfahren. Bei der Beantwortung der Frage, warum ich auf ältere Frauen stehe, ist es wohl angezeigt, bereits im dritten Satz die eigene Mutter zu zitieren. Rotweinpsychologen und Freudfreunde machen es sich einfach: «Logisch, wenn er nicht mit seiner eigenen Mutter schlafen kann, dann wenigstens mit einer Frau, die genauso alt ist wie sie.»
Genug des Psychogebrabbels. Religion und Wissenschaft sind sich in einem Punkt einig: Verbotene Früchte sind süß. Frauen, die älter sind als ich, erschienen mir schon immer ein bisschen verwegener, anrüchiger, unerreichbarer und damit begehrenswerter. Verrückterweise wirken alte Männer mit jungen Frauen salonfähig, manchmal gar literarisch, durchaus normal. Meine Konstellation aber wirft Fragen auf, drängt die Frau in Erklärungsnotstand. Was sagt sie etwa auf die nett gemeinte Frage «Ist Ihr Sohn noch in Ausbildung?»? Das ist brisanter Stoff, höchstens gut für verklemmte Komödien («Harold and Maude») oder als Beispiel für den Unwillen mancher Frauen, in Würde zu altern (Demi Moore). Als Mann aber musst du nichts erklären, wenn die Frau an deiner Seite älter ist als du selbst. Es gibt nur zwei Reaktionen darauf: ungläubiges Staunen oder dieses fast unmerkliche, wissende Kopfnicken.

Die gute Nachricht: Frauen werden mit dem Alter interessanter, weil sie in ihren Seelen statt weißer Stellen, die ausgefüllt werden wollen, Abgründe horten, die Angst machen. Weil sie statt alberner Komplexe schöne Falten haben, die sich wie Fächer spannen, wenn sie lächeln. Ältere Frauen sind aufregender, weil sie die hohe Kunst des Genießens beherrschen. Sie sind attraktiver, weil sie ihre Unsicherheit – die unerotischste aller Eigenschaften – zwar nicht abgelegt, aber kunstvoll verkleidet haben: Sie lächeln und schweigen einfach. Sie sind humorvoller, vielleicht weil sie ahnen, dass Menschen die einzigen Lebewesen sind, die schreiend geboren werden, klagend ihr Leben verschwenden und dann enttäuscht sterben – und also sich das Leben nur mit einem spöttischen Zug um die Mundwinkel ertragen lässt. Sie sind katastrophenerprobt: Wer unter Schmerzen Kinder gebar, den Ehemann mit seinem besten Freund betrog und Nebenbuhlerinnen stilvoll mit der Vase erschlug, den zerfrisst das Feuer der Leidenschaft nicht mehr, den wärmt es angenehm. Ältere Frauen spüren keinen Nestbautrieb, und sie verfügen über die Grundvoraussetzung für guten Sex: Sie waren im Bett mit sich selbst, anderen Frauen und jeder Menge Männer. Und noch etwas, das ich früh erfuhr und erst sehr viel später verstehen sollte: Ältere Frauen trauen sich, «Ich liebe dich» zu sagen, wenn sie es wirklich meinen, und es nicht zu sagen, wenn sie es nicht empfinden.

Die schlechte Nachricht: Nicht alle älteren Frauen sind so.

Wenn es stimmt, was Baudelaire schrieb, dass Freude die vulgärste Beigabe der Schönheit sei, Schwermut hingegen ihre edelste Begleiterin, dann trifft das für die Frau meines

Lebens zu. Sie war schön und traurig. Ich erinnere mich selten an den ersten Eindruck, den ich von einem Menschen hatte. Das Bild vermischt sich mit dem, was ich später über die Person erfuhr. Die erste Begegnung mit dieser Frau aber bleibt in meiner Erinnerung: Ein unsichtbarer Kreis schien um sie gezogen zu sein, den keiner überschritt. Sie strahlte Würde, Sinnlichkeit, auch Abweisung aus, die im Widerspruch standen zu ihrem jungenhaften Wesen und dem saufrechen Humor. Sie war eine ältere Frau.

Ich liebte sie für ihre Selbstzweifel, für ihre Fähigkeit, auf Beerdigungen zu lachen und für ihre Behauptung, dass es Gefühle gebe, die so groß sind, dass sie die Wirklichkeit übersteigen, weil sie mehr Platz brauchen, als das Leben bietet. Sie genoss die jugendliche Unverfrorenheit, mit der ich um ihr Herz buhlte. Im Gegenzug zeigte sie mir, wie man ganz viel richtig machen kann bei Frauen.

Wir liebten uns in Briefen. Sie brach mir das Herz. Und ich lernte die Grundregel des 21. Jahrhunderts: Wahrheit ist wie Sonneneinstrahlung, früher dachte man, sie wäre gut für uns.

Mikael Krogerus

Wie macht ein Mann
mit einer Frau Schluss?

Es gibt eine Geschichte aus meiner Jugend, die sich manche bis heute erzählen. Ich und ein Mädchen hatten uns verlassen, und aus Zorn darüber soll ich einen toten Fisch in einen Umschlag gesteckt und ihr geschickt haben. Die Geschichte stimmt überhaupt nicht, aber sie wurde überall erzählt, nur mir nicht. Deshalb konnte ich das nie richtigstellen, auch nicht, wenn andere Männer mir zuraunten: «Hey cool, Mann, du weißt, wie man Schluss macht.»
Wusste ich ja gar nicht. Wir haben uns nur Bye-bye gesagt und sind auch keine Freunde geblieben. Denn wenn Liebe eine Paarung aus Sex und Freundschaft ist, heißt das ja nicht, dass das eine einfach weitergeht, wenn das andere wegfällt. Das Schlussmachen war damals auch gar nicht so schwer – ein bisschen schade vielleicht, weil sie schön war –, aber wir schleppten noch nicht so viel Gewohnheit, Freunde und gemeinsames Leben mit uns herum, dass einem von uns getrennt etwas fehlte.
Es war einfach nur so, dass es vorbei war. Danach gab es noch ein paar Vorbeis mehr, und ich habe kein einziges davon bereut. Im Gegenteil, bereuen tue ich die paar Geschichten, die ich nicht beendete, als sie vorbei waren. Sondern später, schon wund und müde von den Wochen der Selbstverleugnung. Schluss zu machen ist Lebensschule, und Männer wissen das. Nein zu sagen macht stark, Ja zu sagen kann blöd machen. Männer wissen auch

genau, wann Schluss ist. Dann, wenn das Glück vorbei ist. Männer sind da anders als Frauen, Männer wissen, dass Glück kein Zustand ist, dass es kein «glückliches Leben», sondern Glück im Leben gibt. Deshalb lesen Männer auch diese Glücksbücher nicht, finden Coaching lächerlich und blättern nie in Wohnzeitschriften. Für uns ist Glück ein Abend im Sommer an einem alten Tisch, grüne Augen einer schönen Frau und «For No One» von den Beatles. Am nächsten Morgen ist das schon vorbei, da haben wir schon Schluss gemacht, sozusagen. Und warten auf das nächste Glück.

Frauen sind anders, sie versuchen immer, das Glück auszuwalzen, es endlos zu machen. Die richtigen Stühle zum alten Tisch zu kaufen, die richtigen Kissen, den Tisch zu decken, fettarmen Käse darauf zu stellen, Kerzen, Rotwein, die ganze Beatles-«Revolver»-Platte zu hören, hundertmal «Wie schön» zu sagen und so weiter. Frauen wissen nicht, dass alles einen Schluss hat, jeder Moment.

Wir Männer sind geübte Schlussmacher. Wir haben irgendwann aufgehört, Guns'n'Roses-Platten zu hören, weil das Musik von gestern ist. Wir trinken nicht mehr Red Bull mit Wodka, weil das Kinderkram ist. Wir tragen keine Turnschuhe mehr zum Anzug, weil das immer peinlich war, wir es früher nur nicht wussten. Schlussmachen lernt man mit dem Leben. Früher blieben wir auf jeder Party bis drei Uhr morgens, auch wenn sie schon am Anfang langweilig war. Heute machen wir eben um zehn Uhr Partyschluss und gehen nach Hause.

Als wir noch ganz jung waren, war mit einem Mädchen Schluss zu machen wie ein kleiner Tod. Wir mussten erst lernen, dass nach dem einen Mädchen ein anderes

kommen sollte und dann wieder ein anderes. Heute erinnern wir uns an die neuen Anfänge – auch die, allein zu sein – und nicht an die Enden. Oder wie Goethe sagt, «sieht man bei untergehender Sonne gern auf der entgegengesetzten Seite den Mond aufgehen». Die Wahrheit darin ist ja auch, dass nicht der Mann Schluss macht, sondern die Liebe, die wie die Sonne untergeht. Der Mann sagt es nur. Dann, wenn er sie nicht mehr sieht.
Ich habe das Mädchen mit dem Fisch erst nach vielen Jahren einmal wieder getroffen. Wir haben uns fast nicht erkannt. Sie sagte: «Ich habe den Fisch, den du mir geschickt hast, übrigens nie bekommen. Schade, ich wäre sofort zurückgekommen.»

Jochen Siemens

Wann denken Männer an ihre Verflossene(n)?

Beim Geschmack von Pfefferminze denke ich an meinen ersten Kuss und an Eva-Maria, die mir mit ihrem Kaugummi eine klebrige Blase in den Rachenraum blies und sie in dem Augenblick zerplatzen ließ, als ich versuchte, die Druckknöpfe ihres Bodys zu öffnen. Bei Tom-Cruise-Filmen denke ich an Michaela und an den gerahmten «Bravo»-Starschnitt über ihrem Bett, den sie anhimmelte, wenn sie unter mir lag. Beim Schreien eines Neugeborenen denke ich an Hannah und an unser Kind, das sie ohne mein Wissen abgetrieben hat. In der Startphase beim Fliegen, wenn sich ein Kribbeln im Körper ausbreitet und einem der Schwerpunkt verrutscht, denke ich an Nina und das Gefühl, das ich hatte, jedes Mal, wenn ich in ihre Nähe kam.
Nina ist die Königin all meiner Verflossenen, die Erinnerung an sie überfällt mich am häufigsten. Als sie mir vor sieben Jahren zwischen Zähneputzen und erster Zigarette kurz und knapp verkündete, es sei Zeit zu gehen, mich zum letzten Mal auf den Mund küsste und daraufhin für immer verschwand, schmiss ich mich so wie ich war aufs Bett, um tagelang apathisch an meine nikotingelbe Decke zu starren.
In meiner Verzweiflung wandte ich mich an den größten mir bekannten Frauenkenner: meinen Großvater, von Beruf Drogist, passionierter Zigarrenraucher, riesig von Statur

und fett wie ein Hängebauchschwein. «Kommt an meinen Wanst!», pflegte er uns Enkelkindern zuzurufen, um dann stundenlang mit uns rumzuschlumpfeln, wie er das wilde Herumtollen scherzhaft nannte. Zum Leidwesen meiner Großmutter liebte er das Rumgeschlumpfel aber auch und vor allem mit dem weiblichen Geschlecht – und das weibliche Geschlecht mit ihm. Die Blicke, mit denen die Damenwelt – egal welchen Alters – meinen Großvater bedachte, waren die, auf die ich in meinen Werbephasen stets erpicht gewesen bin, aber nur selten erhalten habe.

Als Nina mich verlassen hatte und partout nicht aus meinen Gedanken verschwinden wollte, bat ich ihn um Rat, wie ich sie aus meinem Herzen wegradieren könnte. «Aber Junge, das willst du doch gar nicht!», rief mein Großvater. «Das Andenken an deine Verflossenen macht das Leben doch erst farbenfroh. Glaub mir, ich rede aus Erfahrung. Bei mir ist es immer dasselbe. Wie sehr ich mich auch bemühe, ich kann mich nie an die Augenfarbe, die Größe oder Form ihrer Brüste erinnern, aber sehr wohl an ihre Wunderbarkeit. Folge mir, ich zeig dir was.»

Im Keller seiner Drogerie öffnete er die unscheinbare Tür zu einem kleinen Raum, der von außen wie eine Besenkammer aussah, innen aber gefüllt war mit Tiegeln und Flakons aller Größen und Farben, die nebeneinander aufgereiht unzählige Fächer und Regale säumten. Mein Großvater schritt stolz die verschiedenen Reihen ab, nahm einzelne Fläschchen heraus, öffnete deren Pfropf, zog genussvoll den entsteigenden Duft ein und stellte mir die Proben als Helga, Erna, Lotte, Gretel und so weiter vor. «Jeden einzelnen Duft», erklärte er, «habe ich in Erinnerung an eine Geliebte kreiert. Rieche ich zum Beispiel an

‹Erna›, denke ich an sonnige Herbstspaziergänge. Rieche ich an ‹Lotte›, denke ich an noch warme zerwühlte Satinleintücher.» «Oh, darf ich mal schnuppern?», fragte ich. «Nein, du musst dich schon durch deine eigenen Andenken verzaubern lassen.»
Drei Jahre später saß ich am Sterbebett meines Großvaters. Obwohl abgemagert und mit eingefallenen Gesichtszügen, an Schläuche und piepsende Gerätschaften angeschlossen, zwinkerte er keck der blutjungen Krankenschwester zu. Er griff nach meiner Hand und sagte: «Sieh zu, dass Oma nichts von meiner Sammlung im Keller erfährt!» Ich hörte ein Räuspern hinter mir, drehte mich um und sah meine Großmutter im Türrahmen stehen. Im Gang nahm sie mich beiseite: «Keine Sorge, Junge, von Opas Sammlung weiß ich schon seit Jahren. So undurchschaubar, wie er meint, ist er nicht.»
Noch am selben Abend setzte ich mich an meinen Schreibtisch und schrieb an jede meiner Verflossenen einen Brief. Keinen von ihnen schickte ich je ab. Sie lagern noch immer oben im Kleiderschrank, hinter der Skiunterwäsche in der alten Zigarrenschachtel meines Großvaters, wo sie über die Jahre seinen Geruch angenommen haben. Von Zeit zu Zeit hole ich sie hervor und erinnere mich.

Max Urlacher

Womit Männer Probleme haben
und wie sie versuchen, sie zu lösen

Haben Männer Angst
vor dem Alter?

Mein Lieblingsroman heißt «Senilità». Er wurde 1898 von Italo Svevo veröffentlicht. Der Anfang des Romans läutet in seiner melancholischen Kühle das 20. Jahrhundert ein: «Schon mit den ersten Worten, die er an sie richtete, wollte er sie darauf aufmerksam machen, dass er nicht die Absicht habe, das Risiko einer ernstlichen Liebesbeziehung einzugehen.» Was folgt, ist die Geschichte eines einsamen Mannes, der sich entgegen seiner Intention Hals über Kopf in eine junge Frau verliebt, um daran zugrunde zu gehen. Der Held ist 35 Jahre alt. Denn der Originaltitel bedeutet nicht Senilität, sondern Greisenhaftigkeit, also Gestus und Haltung des Greises an den Tag zu legen, bevor die Gelenke schwach, die Libido noch schwächer und das Haar grau und selten wird.
James Joyce hat sich den deutschen Titel ausgedacht: «Ein Mann wird älter». Was folgt, ist eine Tragödie. Muss das so sein? Nein, aber es ist nach wie vor überaus wahrscheinlich. Das 20. Jahrhundert kannte viele Tragödien von Männern, die mit dem Altern keinen Frieden machen wollten. Hemingway erschoss sich zweieinhalb Wochen vor seinem 62. Geburtstag mit dem Jagdgewehr, weil er den Gedanken, alt und gebrechlich zu werden, nicht ertrug. Pablo Picasso malte nach Jahrzehnten der ungebrochenen Schöpferkunst altersgeile Werke, in denen die Größe der erigierten Genitalien viele Hobbypsychologen

zu eindeutigen Interpretationen zwang. Und die vielleicht größte Tragödie: das Gesicht von Mickey Rourke, der sich als die Ikone der Achtzigerjahre gegen Ende der Neunzigerjahre so mit Botox voll spritzen ließ, dass ihm die Regisseure nur mehr zwei Gesichtsausdrücke abverlangen konnten. In der Sehnsucht nach ewiger Jugend und Schönheit verwandelte sich Rourke in eine geschwollene Karikatur. Dazwischen: James Dean («Werde eine schöne, junge Leiche.»), The Who («I hope I die before I get old.») und Joschka Fischer – oder war es Dieter Bohlen? («Trau keinem über dreißig»).

Nur ganz kurz: Ich altere fantastisch. Ich berste vor Kraft. Zum ersten Mal über das Altern nachgedacht habe ich, als mich eine Jeansverkäuferin vor drei Jahren siezte. Es muss am Anzug gelegen haben. Die Metamorphose vom Jungen zum Mann findet – nach einigen kulturellen Verschiebungen im 20. Jahrhundert – im Alter zwischen 30 und 45 Jahren statt. War es in der «Feuerzangenbowle» mit Heinz Rühmann noch selbstverständlich, dass Gymnasiasten wie 40-Jährige aussahen, ist es heute Ziel aller 40-Jährigen, im Zweifel noch Gymnasiasten spielen zu können. Turnschuhe, Truckercap und natürlich ein iPod von Colette in Paris. Armer Wicht.

Viele Männer hat das Alter traumatisiert. Vor allem auch, weil sich kulturell der Respekt vor dem Wissen und dem Erfahrungsschatz der Alten verflüchtigt hat. Die Moderne und ihr Drang nach Fortschritt haben den Jugendwahn wie eine Infektion über die Welt gestreut. Seitdem hadern die Männer mit grauen oder ausfallenden Haaren, jammern über Speckansätze und kaufen Faltencremes.

Altern in Würde ist die große Herausforderung geworden.

Optische Leitbilder sind Charles Schumann, Barmann und Boss-Model, Skilehrer in Zürs und St. Moritz sowie Papst Benedikt XVI. Da aber nicht alle so aussehen können und werden, entstellen sich viele ältere Männer. Sie mutieren zu postmodernen Clowns. Kaufen aberwitzige alte Cabriolets, wuchtige Fliegerjacken und Jeans, über die sich ungnädig das schon welke Fleisch des Hüftgolds wölbt. Sie flirten mit jenen jungen Frauen, von denen sie glauben, dass ihre Zuneigung den inneren Ruf nach Frische und Unschuld zum Schweigen bringt.

Eine repräsentative Umfrage in meinem Freundeskreis hat ergeben, dass sich nach 40 das Sexualleben kaum verändert. Einige sprechen von «bewusster genießen», das klingt mitunter ein wenig verbissen. Wenn ich nach den Schönheitsoperationen von Michael Douglas und Silvio Berlusconi frage, ist das Gespräch schnell zu Ende. Ich habe altmodische Freunde. Zum Glück.

Richtig alt zu werden, ist simpel. Ein guter Freund empfahl mir zwei Dinge. Erstens: Finde einen Platz, wo du sein möchtest. Und zweitens: Finde die Person, mit der du dort sein möchtest. Die Kompromisslosigkeit beim Suchen und Finden ist der Schlüssel zum Glück. Danach werden Falten, graue Haare oder die Sehnsucht, einen Marathon unter vier Stunden zu laufen, wieder zweitrangig.

Ulf Poschardt

Worüber reden Männer mit ihrem besten Freund?

Neulich bei meinem Kumpel Tony, wir hatten uns seit Wochen nicht gesehen: Dieser Tony ist mir auch deshalb einer der Liebsten, weil er schlichtweg unfähig scheint, erwachsen zu werden, während ich mir in dieser Richtung gerade Mühe gebe. Die Tür stand auf. Im Fernsehen lief das Länderspiel Deutschland gegen China. Tony saß unter einem Headphone-Set, das an seinen Computer angeschlossen war, und telefonierte. Er zeigte auf einen Ledersessel: Setz dich. Komme gleich.
Im Folgenden steckte Tony sich ab und an ein Zigarettchen an, ich trank die zwei Bier, die in seinem Kühlschrank lagen, Deutschland spielte eins null, und als Tony fertig war mit Telefonieren, hielt er sich den Kopf: zu viel getrunken gestern. Na super. Er setzte mir die Vorteile des von Computer-zu-Computer-Telefonierens auseinander, und als ich mich gerade dafür interessieren wollte, rief schon der Nächste an. Herrlich, dachte ich, so muss das zwischen Kumpels geregelt sein: die hohe Kunst des Nichtsagens. Man spricht viel, sagt sich aber trotzdem wenig. Man sieht sich, hat aber trotzdem seine Ruhe. Hätte ich mit Tony jemals etwas Ernstes zu besprechen (was nicht ausgeschlossen ist), ich bräuchte nur ein Flugzeug zu nehmen, am besten nach Übersee, und ihn anzurufen – er ginge dran. Meiner Freundin, die Tags drauf fragte, was ich mit Tony, diesem Kind, eigentlich zu besprechen habe,

antwortete ich: «Nichts Besonderes. So ... Zeug.» Das hielt sie, wie immer, wenn Männer Frauen die Wahrheit zumuten, für eine Ausflucht.
Und hier gleich noch eine tolle Wahrheit, die einmal mehr wie aus dem Schwarzweiß-Western klingt: Was Männer miteinander besprechen, ist meist nicht so wichtig. Wichtiger ist, was sie nicht besprechen, was sie auslassen können im Gespräch: Das ist das unlustige Zeug. Das sind die unbewältigten Dinge. Das ist die Psychologie. Hilfe! Der Alptraum zwischen Männern – der Kumpel-GAU – wäre es, das in Worte zu fassen zu versuchen, was die gemeinsame Freundschaft ausmacht. Selbstanalyse, Lob, Kritik, Selbstkritik: bitte nicht. Das darf alles nicht sein. Ich weiß, liebe Frauen, hier fangen eure Gespräche überhaupt erst an!
Das Gespräch! Die Aussprache! Natürlich liegt hier ein Trauma, das Urmisstrauen jedes Mannes begraben. Sprechen, sagen Männer, geht ja eigentlich nie gut aus. Man kann Probleme vielleicht verstehen, gelöst sind sie deshalb noch lange nicht. Frauen aber fordern das andauernd, sie halten genau das für den Inbegriff einer glücklichen Beziehung: das klärende Gespräch. Höchster Ausdruck weiblichen Zutrauens ist, wenn sie ihm die Paartherapie vorschlägt. Anders: Männer. Dem Selbstanalyseverbot hat sich jedes potenzielle Gesprächsthema unterzuordnen. Die Wahrheit mutet man sich gar nicht oder in kleinen, kunstvoll verpackten Portionen (Humor! Übertreibung! Sarkasmus!) zu. Männer halten sich daher eine Reihe Scheinthemen – Fußball, Politik, Pferdelederschuhe, Neuerscheinungen in der Unterhaltungselektronik –, um ihren Shit, ihren Bullshit, ihr natürliches Bedürfnis nach Nähe und Selbstvergewisserung zu regeln. Glaubt eine

Frau, dass ein kluger Mann sich ernsthaft für das Innere von MP3-Playern interessiert? Dem klassischen Männergespräch zu folgen, heißt also, ihn, den Mann, Schwachsinn erzählen zu hören, guten Schwachsinn, bestenfalls: Gags. Ein Mann, der einen Gag macht, mutet seinem Kumpel – so läuft es bestenfalls – ein Stück oft unbequemer Wahrheit zu. Die Männer, die lachend und grölend an der Theke stehen, wären demnach Wahrheitssuchende, die sich – durchaus mit Niveau – unaussprechliche Intimitäten gestehen. Ach, ja. Natürlich trinken Männer auch einfach gern.

Hier rasch noch einige Klischees und ihre Entkräftung: Richtig ist, dass Männer sich bei ihrem besten Freund über die Lebensabschnittspartnerin beschweren. Falsch ist, dass der beste Kumpel über meine Freundin herziehen darf (wer das wagt, hat automatisch verloren). Richtig ist, dass Sex das Thema Nummer eins bleibt, und falsch ist, dass Männer sich andauernd über Sex unterhalten müssen. Das können wir gar nicht. Da schämen wir uns. Da sind wir die größten Vollidioten. Richtig ist – das klingt jetzt fast unaussprechlich pathetisch –, dass aus allen Sexprahlereien so elend laut der unterdrückte Schrei nach Liebe spricht, dass es kaum auszuhalten ist. Das hören wir Männer. So – sind wir auch.

Der deutsche Bundestrainer erzählte nun irgendeinen windelweichen Quatsch, warum seine Männer doch noch gewinnen können, und Tony schlug vor, mal wieder richtig schön ins Puff zu gehen, da könnten wir – Männer! – es uns mal wieder gut gehen lassen. Ach, Tony. Lieber Tony. Das sagt er. Ich sage das natürlich nicht.

Moritz von Uslar

Wann ist eine Frau gut im Bett?

Eine Frau ist, meiner Ansicht nach, nach Ansicht der meisten Männer, dann gut im Bett, wenn sie dem Mann das Gefühl vermittelt, er selber sei gut im Bett.
Dieses Bewusstsein, gut oder sogar supergut zu sein, spornt den Mann unglaublich an. Es gibt ihm Selbstbewusstsein und versetzt ihn in eine solch lustbetonte Explosivstimmung, dass er am Ende womöglich tatsächlich zumindest beinahe so super ist, wie die Frau es ihm anfangs nur vorgespielt hat. Man nennt dies «die sich selbst erfüllende Prophezeiung».
Die Frage ist: Wie spielt eine Frau überzeugend, dass der Mann gut im Bett ist? In der Schauspielkunst kommt es auf die richtige Dosierung der Mittel an. Gute Schauspielerinnen können alles – alles! – ausdrücken, indem sie lediglich eine Augenbraue heben. Allzu lautes Schreien dagegen, minutenlang gezogenes Stöhnen, Kratzen und Spucken macht Männer eher misstrauisch. Okay, denken sie, ich bin gut, aber dass ich so gut bin, kann ich mir irgendwie nicht vorstellen. Da stimmt doch was nicht.
Es ist wirklich nicht nötig, die große Show abzuziehen oder besonders originelle Dinge zu tun oder besonders aktiv zu sein. Es genügt den meisten Männern vollkommen, wenn sie den Eindruck haben, dass es ihrer Partnerin Spaß macht. Die Lust der anderen Person ist überhaupt das wirksamste Aphrodisiakum. Diese einfache Wahrheit

ist in den letzten Jahren verloren gegangen, finde ich, sie wird jetzt langsam wiederentdeckt. Es hat jahrelang immer geheißen, man soll auf keinen Fall egoistisch sein, man soll dieses und jenes für den Partner oder die Partnerin tun. Wenn man aber auf keinen Fall egoistisch sein darf und sich beherrschen soll, verliert man auch auf gar keinen Fall die Kontrolle, und guter Sex hat nun mal mit Ekstase zu tun. Totaler Altruismus ist also genauso schädlich wie totaler Egoismus. Eine Frau, die gut im Bett sein will, darf nicht gehemmt sein, zum Beispiel von irgendwelchen Egoismus-Skrupeln. Wenn sie tut, wozu sie selber gerade Lust hat, tut sie auf jeden Fall das Richtige.

Es gibt allerdings ein paar Sachen, die Männer garantiert abtörnen.

Die Frau sollte niemals im Bett Vergleiche anstellen. Eine Dame aus W. sagte sinngemäß zu mir: «Das, was Sie da gerade tun, konnte mein Ex-Freund Paul besser. Im Vergleich zu Michael, Basti und Konstantin schlagen Sie sich aber recht gut.» Jedem Mann wird in diesem Moment klar, dass auch seine eigene Performance vor den Ohren seiner Nachfolger verhandelt und gerichtet wird. Da ist sofort die Luft raus.

Genauso falsch ist es, im Bett über Beziehungsprobleme zu sprechen, so etwas tut man besser beim Abendessen. Es darf keine Vergangenheit und keine Zukunft geben, nur Gegenwart. Es sollte, sofern man sich nicht gerade in einem Swingerclub aufhält, auch nur um die beiden beteiligten Personen gehen. Aus einem Grund, der mir nicht bekannt ist, liebte es B. aus S., im Bett über die Sexualität ihrer besten Freundin zu reden. Die beste Freundin hat also diesen Typen, den bekannten Arzt, du weißt schon,

und der hat eine sonderbare Angewohnheit. In so einem Moment ahnt man als Mann, dass die beste Freundin ihrerseits Sachen von einem weiß, die man ihr garantiert nicht freiwillig erzählt hätte, und man beginnt, sich Gedanken zu machen. Wenn man sich aber Gedanken macht, ist das nicht gut für die Performance.
Oft wird gesagt, dass Männer gefühllose Sexmaschinen sind. Sie fahren auf jeden attraktiven Körper ab, und das Seelische ist ihnen nicht so wichtig. Ja, stimmt, manchmal ist das so. In ein paar Details funktionieren wir anders. Aber auch wir wollen geliebt werden, wirklich. Die sehr guten, unvergesslichen Sachen sind auch bei uns die, bei denen große Gefühle im Spiel sind, egal, wie es im Einzelnen abläuft und welche sexuelle Praktik Anwendung findet. Mit anderen Worten: Eine Frau ist dann wirklich gut im Bett, wenn ein Mann wirklich in sie verliebt ist. Das hab ich euch allen doch schon tausend Mal gesagt! Wer euch Frauen etwas Originelleres erzählt, will sich bloß wichtig machen.

Harald Martenstein

Warum sind Männer so lästige Patienten?

Alle Männer – davon müssen Sie immer ausgehen, meine Damen – sind prinzipiell Helden. Das fängt schon im Kindesalter an, wenn sie auf dem Pausenplatz im Ronaldo- oder Zidane-Leibchen unhaltbare Tore schießen, setzt sich im Teenager-Alter fort, wenn sie auf ihrem Motorrad dem Valentino Rossi um die Ohren fahren würden, wenn sich der Feigling nicht lieber an irgendeiner völlig unwichtigen Weltmeisterschaft herumtriebe, und hört noch lange nicht auf, wenn sie am Tag nach dem Discobesuch ihren Kollegen erzählen, wie sie die willigen weiblichen Wesen gleich reihenweise flachgelegt haben. Ihr Heldentum wird dabei durch die Tatsache keineswegs geschmälert, dass ihnen die Mama das Fußballtrikot erst nach tagelangem Quengeln bewilligt hat, dass das Motorrad bestenfalls ein aufgemotztes Moped ist, und dass die flachgelegten Damen von ihrer reihenweisen Beglückung absolut nichts zu wissen scheinen.
Männer sind Helden, und damit basta. Sie tragen das Heldentum in ihren Genen, seit sie nur mit einer Keule bewaffnet auszogen, um Säbelzahntiger und Mammuts zu erlegen und in der Kaffeepause noch schnell die Neandertaler auszurotten. Helden, einer wie der andere.
Da stellt sich natürlich die Frage, warum all diese Supermänner, Rambos und Terminatoren schlagartig zu weinerlichen Jammerlappen mutieren, sobald sie auch nur vom

äußersten Ausläufer einer Erkältung gestreift werden. Warum sie bei knappen achtunddreißig Grad Fieber und einem mickrigen Räusperhusten ein Theater abziehen, als ob sie Schlimmeres durchzumachen hätten als alle Märtyrer aus sämtlichen Heiligenlegenden. Warum sie jede ganz gewöhnliche Wald-und-Wiesen-Grippe mit einem Aufwand betreiben, der jeder Frau für eine Entbindung reichen würde. Ach was, für eine Drillingsgeburt samt Dammschnitt.
Wo sind die Heroen-Gene, wenn sie ihren Kamillentee mit so tragischer Miene schlürfen, als handle es sich um einen Schierlingsbecher? Was ist aus der Erinnerung an all die freihändig erlegten Mammuts geworden, wenn sie vor dem angebotenen Wickel zurückschrecken, als habe die liebende Lebenspartnerin das Antiphlogistin durch glühende Kohlen ersetzt? Warum genügt ein entzündeter Hals, um Superman sofort wieder in Clark Kent zurückzuverwandeln?
Warum das so ist, wollen Sie also wissen, meine Damen? Weil alle Männer Helden sind. Nein, das ist kein Widerspruch. Das ist Logik. Höhere, männliche Logik.
Ein richtiger Mann, so müssen Sie das sehen, meldet sich nicht wegen einer prosaischen Grippe krank. Der legt sich nicht wegen einer mickrigen Erkältung ins Bett. Über so lächerliche Gegner kann ein echter Held nur lachen.
Und was folgt daraus?
Wenn ein Mann also trotzdem im Bett liegt, wenn er im Büro fehlen muss, obwohl er dort natürlich unentbehrlich ist, dann kann das nur einen Grund haben: Er hat etwas Schlimmes. Etwas mammuthaft säbelzahntigerisch Grässliches. Pest, Cholera und die Vogelgrippe gleichzeitig.

Mindestens. Um einen Helden zu besiegen – natürlich nur vorübergehend –, braucht es einen übermächtigen Gegner. Darum haben Männer nie einfach nur eine Erkältung. Sie haben selbstverständlich die lebensgefährlichste Erkältung aller Zeiten. Die bohrendsten Zahnschmerzen. Den schmerz- und grauenhaftesten Husten der Welt. Sie haben, mit anderen Worten, immer nur Beschwerden, die auch Herkules, Siegfried oder Arnold Schwarzenegger aufs Kreuz legen würden.

Sagen Sie deshalb nie zu einem kränkelnden Mann: «Das ist doch gar nicht so schlimm, Schatz.» Damit verletzen Sie ihn bloß. Sagen Sie besser: «Du armes, armes Opferlamm! Mit einer sooo schlimmen Krankheit bleibst du am besten eine ganze Woche liegen und lässt dich von mir umsorgen.» Worauf er blitzartig gesund wird, aus dem Bett springt und ins Büro rennt. Um Ihnen zu beweisen, dass er ein wahrer Mann ist. Also ein Held.

(Und wenn er dann sämtliche Bürokollegen angesteckt hat, sodass die sich ihrerseits ins Bett legen und jammern müssen, dann lässt sich das auch nicht ändern. Wahre Helden können auf so etwas keine Rücksicht nehmen.)

Charles Lewinsky

Wie kann ein Mann
in Würde dick werden?

Einsdreiundachtzig, vierunddreißig, vierundneunzig. Das ist nicht meine Telefonnummer, sondern die Bilanz meines bisherigen Lebens: keine Traummaße. 1,83 Meter groß, 34 Jahre alt, 94 Kilo schwer. Mehr Masse als Traum. Im Dienstbüchlein, dort, wo die Resultate der Musterung eingetragen sind, steht dieselbe Zentimeterzahl, aber unter Gewicht steht 75 kg. Das ist 15 Jahre her, macht pro Jahr 1¼ Kilo Zunahme, mit vierzig werde ich also mehr als 100 Kilo wiegen. Leider ist dies keine Hypothese, sondern eine zukünftige Tatsache. Denn ich glaube nicht daran, dass Menschen sich ändern können.

Die Schwierigkeit der Frage liegt ja beim Zusatz «in Würde». «Wie kann ein Mann dick werden?» – das wäre wesentlich einfacher zu beantworten, darin bin ich Experte. Denn ich bin und war immer ein Kampfesser. Ich esse schnell, ich esse ohne Gnade. Ich ruhe nicht, bevor der Feind vernichtet ist. Kein Gnocchi, kein Fettrand vom Schnitzel, keine Erbse darf übrig bleiben auf dem Teller. Ich schone weder mich noch die Nahrung. Einmal aß ich, weil Gäste nicht kamen, einen ganzen Hasen vollständig auf.

Also, dick werden: kein Problem. Es geschieht so oder so, man schaue sich auf der Straße um, die meisten Männer ab fünfzig sind dick. Aber «in Würde»? Die Vorstellung, in naher Zukunft auszusehen wie Otti Fischer, Michael

Moore oder Diego Maradona, kann auf den Magen schlagen. Geometrisch betrachtet liegt das Anstößige am Dickwerden in der zunehmenden Ovalisierung der Umrisse, dass man, aus der Ferne gesehen, immer mehr einem Rugbyball gleicht. Man verlässt die Strich- und nähert sich der Kreisform an. Würde man gleichzeitig weiter wachsen, würden also zudem Kopf und Füße proportional zur Hüfte anschwellen, so wäre das Dickwerden nicht der ästhetische Skandal, der es heute mit Recht ist. Die Kunst eines guten Schneiders besteht denn auch darin, durch einen perfekten Anzug die schmalen Schultern und dürren Beine mit dem Bauchumfang zu versöhnen, was manchmal nicht schlecht gelingt (Gerhard Schröder). Meistens aber stehen die so verpackten Ovale als plumpe Rechtecke in der Welt (Christoph Blocher, Kurt Beck, B. B. King).

Was tun? Zunächst ist der Gedanke hilfreich, dass schlanke Männer oft viel schlechter aussehen als beleibte. Ein Mann, der mit vierzig perfekt sportlich wirkt, ist ein Kindskopf. Weil er sich weigert, älter zu werden, reifer zu werden. Weil ihm die Souveränität fehlt, die es braucht, um stilvoll aus der Form zu geraten. Man sieht ihm an, dass er ein Jahresabo fürs Fitnessstudio besitzt. Wer, wie ich, manchmal mit Gewissensbissen vor dem zweiten Pastateller sitzt, erinnere sich an den letzten vierzigjährigen Jogger, den er im Wald gesehen hat, an dessen lächerlichen Kampf, an seine schmerzverzerrte Miene. Und schütte freudig noch etwas Käse über die Tagliatelle.

Tröstlich für korpulente Männer ist auch, dass es den Frauen noch viel übler geht. Ihnen ist es vollkommen unmöglich, stilvoll zuzunehmen. Coole dicke Frauen gibt es nicht (Hella von Sinnen, Nella Martinetti), coole dicke

Männer schon (Bud Spencer, Marcel Reich-Ranicki, Winston Churchill). Das liegt an demselben geheimen Gesetz, das auch verlangt, dass Fernsehmoderatorinnen wie Models aussehen müssen (Nina Ruge, Michelle Hunziker, Eva Wannenmacher), Fernsehmoderatoren aber einen schrulligen Charakterkopf haben sollen (Thomas Gottschalk, Stefan Raab). Frauen müssen schön sein, Männer dürfen. So ist das nun mal. Ich beklage mich nicht, nein, ich beklage mich nicht.

Der erste Schritt zum würdevollen Dickwerden ist die Akzeptanz des Unvermeidlichen, die Einsicht, dass der Körper selbst bestimmt, wie er aussehen will, und nicht der Kopf. Sodann helfen flankierende Maßnahmen. Anzüge richtig schneidern lassen, wie gesagt. Heiraten und Kinder zeugen soll ein guter Trick sein, man hat dann Besseres zu tun, als sich um sein Gewicht zu sorgen. Mehr Wein als Bier trinken, denn Bier enthält Hormone, die den Männern Brüste wachsen lassen, was definitiv würdelos ist (hier liegt der Unterschied zwischen dicken Bayern und dicken Franzosen). Es vielleicht mal mit einem Bart versuchen, der passt gut zum Bärenhaften des Dickseins. Nicht zulassen, dass die Geliebte ebenfalls dick wird, denn ein dickes Paar wirkt immer irgendwie verwahrlost. Dicke Männer aber, die eine schlanke Frau im Arm haben, sehen einfach großartig aus (Friedrich Dürrenmatt, Flavio Briatore, Michail Gorbatschow).

So könnte es klappen.

Guido Mingels

Darf ein Mann weniger verdienen als seine Frau?

«Ja klar, aber hallo!», rufen alle halbwegs fortschrittlichen Männer gut gelaunt im Chor und prosten einem mit guten Weinen in den Gläsern zu. Denn ein «Nein» würde ja bedeuten, man gönnte den Frauen keine gut bezahlten Jobs. Deshalb finden es auch konservative Finsterlinge opportun, ein indigniertes «Selbstverständlich!» hören zu lassen.
Bei so viel Zustimmung zur besser als ihr Mann verdienenden Frau muss etwas faul sein. Ergiebiger, sich nüchtern selbst zu befragen als angetrunkene Zeitgenossen. Als Schriftsteller bin ich allerdings ein Sonderfall und daher nicht ganz der Richtige für diese Frage. Künstler aller Art dürfen ja fraglos Frauen haben, die jede Menge mehr verdienen, das erlaubt die bürgerliche Konvention.
Man stelle sich vor: Chefärztin, die richtig gut Kasse macht, eine Villa in bester Lage gekauft hat und, natürlich, auch noch richtig gut aussieht. Ihr Mann ist Schriftsteller. Sie spricht von «unserer Villa», er kriegt das Pluralpossessivpronomen trotz Gütergemeinschaft nur schwer über seine Poetenlippen. Es ist und bleibt, finanzmoralisch, die Villa seiner Frau. Das belastet ihn nicht wirklich. Er hat zwei geräumige Arbeitszimmer, genügend Platz für die Bücher. In Ruhe feilt er an seinen Gedichten und Geschichten, geht zwischendurch mit den edlen Hunden spazieren und zahlt die Putzfrau aus. Alle zwei Jahre

erscheint in einem seriösen Verlag ein Buch von ihm und wird im seriösen Feuilleton gewürdigt. Wenn die Verlagsabrechnungen kommen, lässt er sie seufzend in einem Ordner verschwinden, denn was er mit dem letzten Gedichtband verdient hat, verdient seine Frau an einem Vormittag. Das ist kein Geheimnis. Weder Frau noch Freunde haben damit ein Problem. Seine dürftigen Honorare werden eher als Zeichen seiner hohen Kunst gewertet, die das gemeine Volk bekanntlich nicht zu schätzen weiß.
Ich hätte nichts gegen eine Villa und eine Frau, die als gut aussehende Chefärztin Geld scheffelt. Ich hasse mein zu enges Arbeitszimmer und träume von großen Räumen. Ich würde gern mehr spazieren gehen, werde aber, kaum will ich das Haus verlassen, von Verlagen und Redaktionen angerufen und gedrängt, meine Texte endlich abzugeben. Trotzdem bin ich zu altmodisch, um mit dem oben erfundenen Kollegen tauschen zu wollen. Zu unemanzipiert. Diese mir von meiner Frau ermöglichte sorglose Ruhe könnte ich nicht ertragen. Ich käme mir wie ein Schmuckstück vor mit meinen Büchern, die respektiert, aber nicht gelesen werden. Mit meinen uneffektiven Arbeitszimmern würde meine Frau Steuern sparen. Das wäre mein nennenswerter finanzieller Beitrag. Das Gefühl, ausgehalten zu werden, könnte ich nur schwer aushalten. Es würde nicht gut ausgehen. Ich würde irgendwann mit der Putzfrau nach Polen durchbrennen und mit gestohlenen Gebrauchtwagen handeln.
Ganz anders, wenn meine Frau die Villa und ein Vermögen geerbt hätte. Das wäre dann nicht ihr Verdienst. In dieser Villa könnte ich leben. Auch als Autor blöder Bestseller mit unaufhörlich fließenden Tantiemen. Dann könnte ich

eine Spitzenverdienerin neben mir nervlich dulden. Wozu aber so viel Geld auf einem Haufen? Das ist ja obszön. Dann wäre eine Gattin idealer, die sich in Rumänien um Waisenhäuser kümmert.

Es kommt drauf an, womit man weniger verdient. Als unterbezahlter Bewährungshelfer hätte ich keine Probleme mit einer hundert Mal mehr verdienenden Börsenmaklerin als Frau, weil ich Bewährungshilfe hundert Mal wichtiger finde als die Börsenmaklerei. Hätte ein grausames Schicksal mich zum aschgrauen Verkäufer nobler Autos gemacht, der wenig Geld dafür bekommt, dummen reichen Schnöseln die neuesten Chromkarossen aufzuschwatzen, und meine Frau wäre eine weltweit gefeierte Opernintendantin, würden mir die Minderwertigkeitskomplexe vermutlich heftig zu schaffen machen. Oder in einem kleinen Fitnessstudio angestellt sein, und die Frau wäre eine sexy Bischöfin. Was dann? Neben dem Verdienstgefälle auch noch die soziale Schieflage.

Lässt sich das alles im Bett ausgleichen?

Joseph von Westphalen

Warum wollen Männer nicht über die Beziehung reden?

Weil es jetzt wirklich ungünstig ist. Weil du doch siehst, dass ich gerade beschäftigt bin. Weil du doch siehst, dass ich gerade Zeitung lese. Weil ich auf einen wichtigen Anruf warte. Weil ich Musik höre und kein Wort verstehe. Weil gleich die Nachrichten kommen. Weil Manchester United einen 2:3-Rückstand aufholen muss. Weil ich erst einmal in Ruhe essen will. Weil ich noch gar nicht richtig da bin. Weil ich gerade erst aufgestanden bin. Weil ich mich gerade hingelegt habe. Weil ich gerade erst angekommen bin. Weil ich gleich wieder fortmuss. Weil wir das auch wann anders besprechen können. Weil das wirklich warten kann. Weil es Zeit hat. Weil es alle Zeit der Welt hat.
Weil es dazu nichts zu sagen gibt. Weil du meinen Standpunkt kennst. Weil wir das schon hundert Mal besprochen haben. Weil es keinen Sinn hat, das zu zerreden. Weil du mir ohnehin nicht zuhörst. Weil du mich sowieso nicht ausreden lässt. Weil du keine andere Meinung gelten lässt. Weil du mir die Worte im Mund umdrehst. Weil du immer so emotionell reagierst. Weil man mit dir nicht sachlich darüber diskutieren kann. Weil man mit dir nicht sachlich diskutieren kann. Weil man mit dir nicht diskutieren kann. Weil ich mich von dir nicht festnageln lasse. Weil du das ohnehin wieder gegen mich verwenden würdest. Weil ich's dir ohnehin nicht recht machen kann. Weil du nur

darauf wartest, dass ich ein falsches Wort sage. Weil ich genau weiß, worauf das wieder hinausläuft. Weil du ganz genau weißt, dass das nichts bringt. Weil ich nicht streiten will. Weil ich nicht schon wieder mit dir streiten will. Weil ich nicht immer mit dir streiten will.
Weil ich heute wirklich schon zu müde bin. Weil ich einen total anstrengenden Tag gehabt habe. Weil du gar nicht weißt, unter welchem Druck ich stehe. Weil du gar nicht weißt, welche Phase ich gerade durchmache. Weil du gar nicht weißt, was in mir vorgeht. Weil ich jetzt wirklich keinen Kopf dafür habe.
Weil das einfach nicht der richtige Zeitpunkt ist. Weil ich morgen früh fit sein muss. Weil ich wenigstens ein paar Stunden Schlaf brauche. Weil es morgen wieder sehr spät werden wird.
Weil das überhaupt kein Thema mehr ist. Weil das Schnee von gestern ist. Weil wir da einmal einen Riegel vorschieben sollten. Weil die Sache für mich schon längst erledigt ist. Weil sie mir niemals wichtig war. Weil das mit uns überhaupt nichts zu tun hat. Weil das mit dem, was zwischen uns ist, nichts zu tun hat. Weil das mit dem, was zwischen uns ist, überhaupt nicht zu vergleichen ist. Weil das eine einmalige Geschichte war. Weil da überhaupt keine Gefühle dabei waren. Weil ich mich gar nicht mehr erinnern kann. Weil ich damals betrunken war. Weil das mit Liebe nichts zu tun gehabt hat. Weil ich ohnehin nicht vorhabe, sie jemals wieder zu sehen. Weil man es sowieso nicht ungeschehen machen kann. Weil ich eh schon tausend Mal gesagt habe, wie leid es mir tut. Weil du mir ohnehin nicht verzeihst. Weil du mir sowieso nicht vertraust. Weil du mir eh nicht glaubst.

Weil man die Vergangenheit einmal ruhen lassen sollte. Weil unsere Situation schwierig genug ist. Weil sich ohnehin zeigen wird, ob es noch geht oder nicht. Weil es keinen Sinn hat, immer die alten Wunden aufzureißen. Weil wir uns nur noch mehr fertig machen. Weil es bisher noch nie etwas gebracht hat. Weil wir uns lieber auf die Zukunft konzentrieren sollten. Weil jeder erst einmal bei sich selbst anfangen sollte aufzuräumen.
Weil alles keinen Sinn mehr hat. Weil es ohnehin schon zu spät ist. Weil die Sache gelaufen ist. Weil du dich längst schon gegen mich entschieden hast. Weil du mich ohnehin loswerden willst. Weil dir das so passen würde, wenn ich jetzt auf den Knien angekrochen komme. Weil du mir sowieso keine Chance mehr gibst. Weil wir viel früher darüber hätten reden sollen. Weil wir überhaupt einfach viel mehr miteinander hätten reden sollen. Weil es gar nicht so weit hätte kommen müssen, wenn wir rechtzeitig darüber geredet hätten. Weil du immer alles heruntergeschluckt hast, statt mit mir darüber zu reden. Weil unsere Beziehung auf Schweigen aufgebaut war. Weil du dich gar nicht mit mir auseinandersetzen wolltest. Weil du auf meine Wünsche niemals eingegangen bist. Weil dir völlig egal war, wie ich darüber denke. Weil du nie das Gespräch mit mir gesucht hast. Weil du im Grunde gar nicht mit mir reden wolltest. Weil du mich nie geliebt hast.

Daniel Glattauer

Was Männer bestimmt
*auch wenn sie es nicht
wahrhaben wollen*

Wann wollen Männer heute ein Kind?

Die deutschen Sparkassen werben zurzeit auf großen Plakaten mit einem jungen Paar. Beide gucken auf das Stäbchen eines Schwangerschaftstests, der «positiv» anzeigt. Die Frau ist schwanger. Sie gafft glückstrunken, kann es kaum fassen. Er verzieht das Gesicht, als hätte er in eine bittere Mandel gebissen.
An dieser Werbung kann man wieder schön sehen, wie lange es dauert, bis sich eine gesellschaftliche Veränderung bis zu den Werbefuzzis herumgesprochen hat. Diese Anzeige will lustig sein. Sie baut auf das alte Vorurteil, Frauen liebten Kinder, und Männer erlebten den Beginn einer Schwangerschaft als größten anzunehmenden Unfall. Jetzt muss der arme Tropf, suggeriert das Plakat, den One Night Stand heiraten, dem Kind seinen Namen geben, die Frau 60 Jahre lang bis zur diamantenen Hochzeit durchfüttern.
Alles Quatsch. Wenn es heute jemanden gibt, der objektiv allen Grund hat, keine Kinder zu wollen, dann ist es die Frau. Sie hätte nämlich neunzig Prozent aller Belastungen zu tragen, die damit verbunden sind. Ohne dafür das zu kriegen, was Frauen früher im Gegenzug bekamen: die Heirat, die Versorgung, den Status, die soziale Absicherung, die Befreiung von der Erwerbsarbeit. Und das wissen alle.
Umgekehrt wollen die Männer heute Nachwuchs. Sie haben nichts zu bieten und nichts zu erwarten, haben

keine richtige Arbeit und keine echte berufliche Perspektive, ja sie haben überhaupt keine Perspektive – was nicht ihre Schuld ist. Da passt es wunderbar, wenn sich plötzlich eine Familie als großer Sinnersatz gründen lässt. Und wieso «-ersatz»? Es ist der Sinn, auch das spricht sich schnell herum bei den Neo-Slackern der digitalen Boheme, den arbeitslosen Dauerstudenten, den nicht vermittelbaren Akademikern, der ganzen «Generation Praktikum». Bevor ihr ganz verzweifelt, macht Kinder!
In den Berliner Jugendbezirken Prenzlauer Berg, Mitte und Friedrichshain – ältere Journalisten würden von «Szene» faseln – laufen so viele neue Väter herum, dass ein Mann ohne Kinderwagen auffällt wie in Riad eine Frau im Bikini.
Aber nicht nur die jüngeren Männer wollen Väter werden, bevor sie gar nichts werden. Das Virus hat alle Altersgruppen erfasst. Frauen erzählen einem, dass es heute kein erstes Date mehr gibt, an dem der Mann nicht sehr rasch testend durchblicken lässt, wie wichtig ihm der Punkt sei und wie es überhaupt damit stehe bei ihr? Eine Freundin empörte sich: «Noch bevor man überhaupt Sex hatte! Bevor man die Eltern kennengelernt und Weihnachten hinter sich gebracht hat! Bevor überhaupt irgendetwas gelaufen ist, soll man sagen: Ja, ich will Kinder mit Ihnen! Das ist doch wohl das Letzte!»
Für Frauen sind Kinder das Letzte, für Männer inzwischen das Erste, woran sie denken. Sie wollen alle Kinder, alle, alle. In Deutschland ist man schnell maßlos. Entweder sind alle für das Vaterland oder keiner (jüngst bei der WM wieder alle). Das Denken und Fühlen rauscht immer im Kollektiv durch die Geschichte. Und jetzt hat die Groß-

gruppe das Wunder des Lebens entdeckt und will «Verantwortung übernehmen». Zumal doch «wir» gerade aussterben. Bei so vielen Embryos im Leib der Frauen wird die Bevölkerung bald auf das Doppelte hochschnellen.
Gewiss, die Schweizer Uhren gehen anders. Dort wird das erst zehn Jahre später geschehen. Aber es wird kommen. Die Frauen freuen sich nicht mehr auf Babys, werden trotzdem dazu überredet. Von Burschen, die früher lieber mit ihren Kumpels «War Craft» gespielt hätten. Oder eine (weitere, nutzlose) Fortbildungsschulung absolviert hätten. Oder im Club andere sexuelle Orientierungen ausprobiert hätten. Sage keiner, Kinder seien zu teuer. Jeden Abend ausgehen ist teurer. Und zahlen müssen ohnehin die Frauen. Und die Schwiegereltern, die eigenen Scheidungseltern und viel verzweigten Neupartner, die ganze neue kinderverrückte Gesellschaft. Gut so.
Doch so grundsätzlich die neuen Möchtegernväter auch Kinder wollen, es gibt Unterschiede beim genauen Zeitpunkt. Wann passiert es wirklich? Wenn die Zwischenprüfung wieder nicht bestanden wurde? Wenn der elterliche Scheck ausbleibt? Wenn sie den Job verliert? Wenn die Liebe bröckelt? Wenn alle anderen im Freundeskreis schon eins haben? Wenn die nächste hippe Fertilisationsklinik im eigenen Viertel aufmacht?
Die Antwort lautet: Das Kind wird in dem Moment gezeugt, in dem die Frau den Eindruck gewinnt, dass der Mann seinen Humor verliert. Also es ernst meint. Bitterböse, heilig ernst, in dieser Frage.

Joachim Lottmann

Wollen Männer bei der Geburt wirklich dabei sein?

Bei meiner eigenen Geburt bin ich zufälligerweise dabei gewesen, und es war, wenn ich mich richtig erinnere, kein anmutiger Anblick. Lieber wäre ich, mit einem eleganten Nadelstreifenanzug und Steppschuhen bekleidet, aus einem schneeweißen Ei geschlüpft. Allerdings fällt mir gerade ein, dass dies ja einen nicht unerheblichen Kraftaufwand für mich bedeutet hätte, zumal ich keinen Schnabel habe, mit dem ich die Schale von innen her hätte zerbrechen können. Vermutlich säße ich heute noch im Ei ... Nein, da lasse ich doch lieber meine Mutter schuften! Damals bei meiner Geburt wie auch heute noch – niemand nimmt sich meiner schmutzigen Wäsche mit größerer Hingabe an als sie, und niemand füttert mich aufopfernder mit liebevoll vorverdauter und wieder herausgewürgter Nahrung ... Pardon, ich bin gedanklich schon wieder in die Vogelwelt abgeschweift.
Das Stichwort «schmutzige Wäsche» ist bereits gefallen, und um viel anderes als schmutzige Wäsche scheint es im Leben nicht zu gehen, zumindest, wenn man dem weisen Mann aus dem Morgenland Glauben schenken will, der einmal gesagt hat: «Genau 32 Dinge sind es, aus denen der Mensch besteht: Blut, Fett, Schweiß, Galle, Gelenkschmiere, Knochenmark, Darmgekröse ...» An dieser Stelle breche ich lieber mal ab, ich habe aber nachgezählt, es sind wirklich 32 Dinge auf der Liste, und am sympa-

thischsten klingen noch die «Finger- und Zehennägel».
Ich kann Ihnen sagen: Ich war ganz schön deprimiert, als ich das gelesen habe! Vielen Dank, Weiser aus dem Morgenland!
Das Leben: Durchgeschwitzte Socken. Bartstoppeln, die man sich jeden Morgen entfernen muss. Überall Staub. Große Vögel, die kleine Vögel fressen. Und letzthin bin ich auf einen Artikel gestoßen, bei dem mir ganz anders wurde: Darin wurde nämlich behauptet, dass «auf jedem ordentlichen Schreibtisch 400-mal so viele Bakterien wie auf einem Toilettensitz» leben – weiter mochte ich gar nicht lesen.
All das könnte einen in den Wahnsinn treiben und zur Überzeugung bringen, dass die Materie – also alles Körperliche – schlecht ist. Genau das glaubten ja zum Beispiel die Katharer. Die Geburt hielten sie folglich für die Quelle alles Abscheulichen. «Nur die Seele, die in einem jeden Körper wohnt, ist ein Verbindungsglied zur göttlichen Welt.»
Um nach dem ganzen Um-den-heißen-Brei-Herumreden endlich zur Beantwortung der oben gestellten Frage zu kommen: Ich glaube, Männer wollen bei der Geburt nur dann dabei sein, wenn sie kein Blut sehen und auch sonst nichts mitbekommen müssen, was sie irritieren könnte (also alles, was mit Anstrengung, Schmerz und so weiter zu tun hat). So sind sie halt, die Männer. Man darf ihnen das nicht allzu übel nehmen.
Ich persönlich war schon immer ein Befürworter der Adoption. Am liebsten würde ich einen netten Bankdirektor adoptieren, dem nicht mehr die Windeln gewechselt werden müssen, und der die Pubertät und andere Unan-

nehmlichkeiten schon lange hinter sich hat und mir jeden Monat mindestens eine Million Franken heimbringt. Das wäre doch etwas Erfreuliches! Ja, so einen Prachtburschen wie Josef Ackermann nähme ich sofort!

Unter uns gesagt: Eigentlich glaube ich insgeheim sowieso, dass es der gute alte Storch ist, der die kleinen Babys bringt (ja, zum Schluss sind wir wieder im Reich der Vögel angelangt!). Und deshalb lauten meine abschließenden Worte: Bei der Geburt meiner Kinder bin ich gescheiter nicht dabei, aber zwei Störche beim Vögeln, das würde ich schon lange gern einmal sehen!

P. S.: Meine Freundin hat obigen Text gerade gelesen und mit mir geschimpft. Sie prophezeit mir empörte Briefe von Leserinnen. War natürlich alles nicht so böse gemeint! Selbstverständlich will ich bei der Geburt meiner Kinder dabei sein und meiner Freundin unterstützend die Hand halten! Ich bin in letzter Zeit einfach ein bisschen gereizt, weil in der Wohnung unter uns seit drei Monaten ein Baby pausenlos herumkräht und mich jeden Morgen um kurz vor sechs aus dem Schlaf holt. «Bäääääh! Bäääääh! Bääää-äh!» Ehrlich, diesem Satansbraten könnte ich ... Äh, nichts für ungut! Es ist ja so ein süßes Baby! Süßes Baby!

Gion Mathias Cavelty

Wie kaschieren Männer ihr Alter?

Wir sind – das wird sich, auch wenn man es nicht gern hört, herumgesprochen haben – nicht besonders lange am Leben: sechzig Urlaube, dreihundert Kinobesuche, vierzig Opern, 1.6-mal verheiratet (statistisch gesehen), drei Knochenbrüche, zwei Steuerprüfungen, einmal ausgeraubt – alles in allem nicht besonders viel und auch nicht wahnsinnig aufregend. Nach sechzig oder achtzig, bei Nichtrauchern, Spinatliebhabern und Sportlern nach neunzig Jahren ist das Leben vorbei.

Doch in letzter Zeit lässt sich beobachten, dass wir etwas länger auf der Welt sind als früher und dass wir uns deshalb auch etwas anders verhalten müssen. Wir müssen uns, was wir niemals wollten, an die längere Lebensspielzeit anpassen. Besonders Männer, die im Alter häufig ungünstig aussehen, also weise, zerknittert und fertig, benehmen sich nun so, als wären sie ewig Gast auf dieser Erde. Obwohl jeder Mann aus Erfahrung weiß, dass er mit dem Erreichen des vierzigsten Lebensjahrs auf der schiefen Ebene steht, an deren Ende das offene Grab lauert, macht er Anstrengungen, dies zu verdrängen, die in ihrer Gesamtheit keinen seriösen Eindruck ergeben.

Zunächst will er sein ihn verlassendes Haupthaar durch Anpflanzung von Fremdhaar auf dem gleichen Stand halten; er geht oft so weit, beide Haarsorten – die eigene und die fremde – zu färben, um dem Bedürfnis, ein anderer zu sein, nachzukommen; Warzen, Hautverfärbungen oder Mitesser, wie sie früher die Haut zierten, werden ausgetrocknet und weggefräst; Stirnfalten, einst Ausdruck des intensiven Nachdenkens über den Sinn des Lebens, werden, weil Nachdenken an sich keine Rolle mehr spielt, durch Botoxspritzen geglättet, hängende Augenlider operativ entfernt; Bauchfett abgesaugt oder in hartnäckigen Fällen auch stückweise herausgeschnitten; Zähne durch hellweiße Brücken ersetzt; Brustbildung durch Massage an der Entfaltung gehindert; der berühmte hängende Hintern, noch vor wenigen Jahren Ausweis des unumkehrbaren Schicksals, durch Lifting wieder der Gürtellinie angenähert; und sogar den traurig vor sich hinbrütenden Testikeln greift man durch allerlei operative Maßnahmen gewissermaßen unter die Arme.

Ich breche hier ab, weil der Katalog der Eingriffe hinreichend bekannt und verbreitet ist. Sechzig Maßnahmen insgesamt werden angeboten, um den Mann auf eine neue Zivilisationsstufe zu stellen. Dazu gehört übrigens auch, dass er offen über seine Verbesserungen spricht. Wer nicht mit einer gewissen Geläufigkeit auch auf gemischtgeschlechtlichen Zusammenkünften über die vitalisierende Wirkung von Prostatamassagen oder die bewusstseinserweiternde Kraft von Darmspiegelungen zu reden vermag, wird auf Partys bald keine Zuhörer mehr haben. Sprach man früher über die «Meistersinger» oder Max Frisch, wird heute darüber diskutiert, wie man die Gesichtshaut am Hinterkopf so straff vernähen kann, dass es trotzdem nicht zu einem störenden Dauergrinsen kommt.

Nun trifft man allerdings hier und dort immer noch ältere Männer, die sich weigern, Karl Lagerfeld besonders vorbildlich und attraktiv zu finden. Wir haben den Feminismus, die Klassengesellschaft, die Bachblütentherapie und weiß Gott was alles überstanden, sagen sie, da werden wir doch hängende Hautfalten mit Desinteresse strafen dürfen – oder? Ja, so reden sie. Sie wollen einfach nicht einsehen, dass sich die Zeiten geändert haben. Mit ihren durchgesessenen Hintern und faltigen Bäuchen stehen sie ohne Stützkorsett da und wollen partout das Berufsgeheimnis des Alterns wahren. In ihrem Altersstarrsinn sind sie nicht zu retten.

Aber wenn dann so ein aufgedrehtes Alterchen mit Plateauschuhen, dunkler Sonnenbrille und frisch gefärbter Perücke im offenen Auto vorfährt und die jungen Damen zu ihm auf den Beifahrersitz hüpfen, dann sieht man, wie die Alten auf der Parkbank mit ihren faltigen Gesichtern gelb vor Neid werden.

Aber dann ist es für alle zu spät.

Michael Krüger

Warum sterben Männer früher als Frauen?

Der Verdacht liegt nahe, dass das wieder so eine Sache ist, die mit der Steinzeit zu tun hat. Vielleicht steckt die anstrengende, ungesunde Dinosaurierjagd bis heute in den Männergenen. Die Frauen dagegen profitieren von einem Gen, das mit einer Art prähistorischem Dolcefarniente-Chromosom bestückt ist. Man sieht eine steinzeitliche Wellnesswelt vor sich, Höhlen mit Spa-Bereich. Als dann die Eiszeit kam, gefroren die Badewannen. Das war die Stunde null der schlechten Laune, die wir bei den Frauen bis heute feststellen können.
Falsch. Eine lächerliche, absurde Theorie.
Die Wahrheit ist: In der Steinzeit starben die Frauen zuerst. Wir wissen das, seit wir die Höhlenmalereien dechiffrieren können. Es sind rührende Malereien von Ehemännern, die ihrer Erleichterung über das Ableben ihrer Frauen Ausdruck verleihen. Im Prinzip handeln die Bilder allesamt von der Freude, endlich ohne schlechtes Gewissen mit einem Bierchen vor der «Sportschau» zu sitzen. Wobei die «Sportschau» damals eine Art Höhlengleichnis war, wie wir dank Platon wissen.
Also: In der Steinzeit hatten die Männer noch eine längere Lebenserwartung als die Frauen. Wann kippte das?
Es gibt eine Theorie, die besagt, dass das erst kippte, als die Frauen Freitag-Taschen quer über der Brust trugen. Die männliche Netzhaut reagierte mit einer Art Implosion, wie

wir sie von anderen Erkrankungen des Immunsystems kennen. Ich warne vor dieser Theorie. Sie setzt voraus, dass Männer über so etwas wie ästhetische Sensibilität verfügen. Wenn dem so wäre, warum wechseln sie dann ihre Socken nur einmal pro Woche?

Richten wir unser Augenmerk auf das Thema Religion. Die Drohung, die im Eheversprechen «... bis dass der Tod euch scheidet» mitschwingt, hat natürlich eine gewisse abschreckende Wirkung. Viele Männer empfanden die Heirat als eine Art Verurteilung zu lebenslänglich. Es ist nicht auszuschließen, dass dieses Empfinden im Verlauf der Jahrhunderte in die DNA eindrang. Das Ja-Wort mag im männlichen Zellkern so etwas wie die Befehlskette zum psychosomatischen Freitod ausgelöst haben. Wir werden diese Theorie erst überprüfen können, wenn wir gesichertes Datenmaterial über Schwulen-Ehen haben.

Vielleicht ist die Sache auch gar nicht so kompliziert. Männer machen sich einfach aus dem Staub, wenn der unangenehme Teil einer Prozedur beginnt. Beim Essen ist es das Abwaschen. Beim Wohnen ist es das Putzen. Beim Leben ist es das Altern. Das Altern kann verdammt unangenehm sein. Je älter man wird, desto größer ist das Risiko, im Rollstuhl den eigenen Namen zu vergessen. Wer will das schon? Außer man heißt – wie ein Berner Pfarrer – Daniel Ficker. 77 Jahre beträgt die durchschnittliche Lebenserwartung des Schweizer Mannes. 83 Jahre beträgt die durchschnittliche Lebenserwartung der Schweizer Frau. Mal ehrlich: Sind diese sechs Jahre ein Festival der hedonistischen Lebensfreude? Tanzt hier noch mal so richtig der Bär? Eher nicht. Kein Wunder also, dass die Männer das Älterwerden den Frauen überlassen.

Moment mal. Ist das nicht eine Riesensauerei? Die Männer gönnen sich die Schnapszahl 77, dann verdrücken sie sich und schicken ihre Frauen in den sicheren Tod. Ist das fair? Nein. Wer kann das verhindern? annabelle. Ich erinnere an die großartige Petition, die den Männern im Familienkreis den Gebrauch der Dienstwaffe untersagte. Das war ein wichtiger Schritt zum friedlichen Miteinander der Geschlechter. Jetzt kommt der zweite Schritt: eine Petition, die den Männern verbietet, vor den Frauen zu sterben. Die Männer müssen auch 83 werden!

Was heißt überhaupt «sterben»? Woran merke ich, dass mein Partner – Mann oder Frau – gestorben ist? Das ist wahrscheinlich die schwierigste Frage. Ein Mann kommt Abend für Abend zur Haustür rein. Das heißt im klassischen medizinischen Sinn: Er lebt. Aber er bringt seiner Frau nie Blumen mit. Geschweige denn ein Collier von Cartier. Heißt das: Er ist tot?

Oder die Frau, die stundenlang mit ihrer Freundin telefoniert, was beweist, dass zumindest das Sprachzentrum noch intakt ist. Sie lebt. Aber sie will selten mehr als dreimal pro Woche Sex mit ihrem Mann. Ist sie gestorben? Eine Beziehung ist «lebendig», heißt es so schön. Oder «Jemand ist für mich gestorben». Nirgends ist der Übergang zwischen Leben und Tod so fließend wie zwischen Mann und Frau.

Vielleicht sterben Frauen viel früher als Männer und leben bloß länger. Denken Sie mal darüber nach.

Christian Kämmerling

Warum prahlen Männer so gerne?

Früher kannte ich mal einen Mann, von dem mir meine Freunde sagten, er verhalte sich mir ähnlich, er sei aber nicht unbedingt mein Doppelgänger, dafür würde er viel zu gut aussehen. Den Eindruck, den er bei Frauen hinterlasse, könne man nur mit bombastisch beschreiben, das Problem bestehe allerdings darin, dass dieser fast unwiderstehliche Galan ebendiese Eigenschaft immer und überall benenne.

Ich ging zu einer Party und stellte fest, dass dieser Mann von einer Gruppe schöner Frauen umstellt war, es waren keine Mädchen, es waren Frauen, die in engen dunklen Jeans steckten, so wie es die Mode der Saison vorgab. Er erzählte eine kurze Geschichte, er setzte die Pointe an der richtigen Stelle, und die schönen Frauen lachten und warfen den Kopf in den Nacken. Dann aber pries der Mann sich und sprach von seiner Gabe, die Menschen belustigen zu können, und ich dachte: O nein, das darfst du doch nicht machen! Er tat's, und wenig später nippte er allein an seinem Cognac und sah nur noch aus wie ein ausgefüllter teurer Anzug.

Er hatte gegen die Etikette verstoßen und einen großen Fehler begangen, aber viel wichtiger war die Frage, weshalb er es immer wieder tat, denn ich begegnete ihm in der Folgezeit öfter, und irgendwann dachte ich: Der Mann mustert dich insgeheim. Als ich ihn ansprach, sagte er, man habe ihn auf mich aufmerksam gemacht, man habe behauptet, ich sei zwar nicht sein Doppelgänger, aber doch ein fast perfekter Imitator. Er hatte die Frauen in die Flucht geschlagen, ich war gar nicht in die Verlegenheit gekommen, auch nur eine einzige Frau zu beeindrucken.

Wir setzten uns in eine Nische, und er machte den Eröffnungszug: In seinen Augen war ich sein Spiegelbild in einem Stummfilm. Ich musste lange darüber nachdenken, später in meinem Hotelzimmer, denn ich war seiner Geschichten bald überdrüssig geworden und war weggegangen. Der Mann galt nicht zu Unrecht als Prahler und Blender, aber er hatte einen sehr männlichen Wesenszug, er gab an, er schlug sich auf die Brust.

Die meisten Männer sind Zivilisten, sie können und wollen keine Kriege führen. Dafür sind sie, dafür bin ich aber geschaffen worden. Es ist herrlich großartig wahnsinnig, einen Hügel zu erstürmen, um dann die Fahnenstange in den Schlick zu pflocken. Das stecknadelgroße Abbild meines herannahenden Feindes in meinen Pupillen lässt mich erschaudern, und schade ist dabei nur, dass keine Frau am Stacheldrahtverhau steht und mich anfeuert.

Geländegewinne machen nur dann Sinn, wenn eine Frau mir Tugend und Tauglichkeit bescheinigt. Ich bin die blutig balgende Bestie, ich lege Wucht und Stärke in meinen Fausthieb, ich bolze Dellen in die Schädel, ich beiße meinem Nebenbuhler beide Ohren ab – und ersehne ein Lob von einer schönen Frau. Nun gut, es sind die Zeiten, in denen ein Mann nicht die Schrumpfköpfe seiner Feinde vor die Füße seiner Angebeteten werfen und ein Liebesbalzgebrüll anstimmen darf. Wir sind alle so herrlich großartig wahnsinnig zivilisiert, wir, die Männer und Frauen, müssen uns nun in geschlossenen Räumen aufeinander einstimmen, und manchmal verhalten wir uns wie melancholische Sargträger in der Mittagspause. Ein Angeber aber ist ein Fußsoldat der Gefühle, er protzt mit seinem schartigen Säbel, und sein Triumphgeheul ist das Gebrüll eines armen Schweins, dem man eigentlich ein Tränentüchlein reichen müsste statt eines Siegespokals.

Der Mann, von dem meine Freunde sagten, er würde mich und ich würde ihn imitieren, dieser Mann hat sich gebessert: Er hat in mir seinen dunklen Bruder erkannt, und was er da sah, gefiel ihm ganz und gar nicht. Er versucht nicht mehr, die Frauen zu beeindrucken, er tut sein Bestes, um ihnen zu gefallen. Es klappt ganz gut.

Auch ich habe mich von einem Wirtshausschläger zu einem Salon-Hooligan gewandelt. Es hat lange gedauert, bis ich herausfand, dass die Frauen Augen zum Sehen und Ohren zum Lauschen haben und dass ich das Protzen und Brüllen ruhig lassen kann, weil sie die Männer kennen und erkennen. Stattdessen preise ich den Duft und die Schönheit der Frauen.

Manchmal stelle ich mich vor den Spiegel, schaue über beide Schultern, um sicherzugehen, dass ich wirklich allein bin, und dann brülle ich ein Schlachtenlied, in dem es um die abgeschlagenen Köpfe meiner Feinde geht. Wenn die Nachbarin über mir mit dem Besenstiel klopft, höre ich damit auf und gehe mich rasieren.

Feridun Zaimoglu

Die Männer

Christian Ankowitsch, 1959 bei Wien geboren, lebt mit seiner Familie in Berlin. Ankowitsch ist Journalist und Autor mehrerer Bücher, zuletzt «Dr. Ankowitschs illustriertes Hausbuch» und «Das Gute und das Fiese. Richtig leben mit SpongeBob». In seinem Arbeitszimmer hortet er jede Menge vollkommen überflüssige Dinge, von denen er sich nicht um alles in der Welt trennen würde.

Christoph Biermann, geboren 1960, lebt als Sportkorrespondent des «Spiegel» in Köln und schreibt gerne Bücher über Fußball, zuletzt «Wie ich einmal vergaß, Schalke zu hassen. Wahre Fußballgeschichten». Biermann dreht beim Fußball gelegentlich durch, aber nur, wenn der VfL Bochum spielt.

Dietmar Bittrich wurde 1958 geboren und lebt als Autor in Hamburg. Er ist verheiratet und hat vier Kinder. Bittrich ist weihnachtlich vorbelastet: Sein Urgroßvater gründete 1905 den ersten Weihnachtsmann-Mietservice Deutschlands. Kein Wunder, dass er vor zwei Jahren das «Weihnachtshasser-Buch» schreiben musste.

Hanspeter Bundi, Jahrgang 1953, ist freier Journalist und Kommunikationsbeauftragter bei «Brot für alle». Er lebt mit seiner Familie in Meikirch, einem Bauern- und Mittelstandswohndorf in der Nähe von Bern. Sehr in der Nähe von Bern, das ist ihm wichtig. In der Rekrutenschule wurde ihm von der Obrigkeit eine Kettensäge in seine Studentenhände gedrückt.

Gion Mathias Cavelty, 1974 in Chur, Kanton Graubünden geboren, ist Schriftsteller, Kolumnist (u. a. «Weltwoche»), Showmaster («Cavelty's Literaturshow»), berühmter Nichtleser und im siebten Monat schwanger.

Marc Fischer wurde 1970 in Hamburg geboren und lebt seit einigen Jahren in Berlin. Er veröffentlichte die Romane «Eine Art Idol» und «Jäger», arbeitet als Autor für «Spiegel», «Süddeutsche Zeitung», «Vanity Fair», «Frankfurter Allgemeine Zeitung» und «Merian», und wenn er diesen Text hier fertig geschrieben hat, wird er Marie anrufen, obwohl ja eigentlich Schluss ist.

Patrick Frey, 1951 geboren, ist Autor, Schauspieler, Kabarettist, Verleger und Fernsehmoderator. Er ist verheiratet und Vater von vier Söhnen. In seiner Wohnung in Zürich wachsen vierzehn Pflanzen, darunter drei winterharte Kamelien und ein zwei Meter hoher neuseeländischer Palmfarn. Die Angst davor, wie seine Mutter zu werden, hat er längst verloren.

Ingolf Gillmann denkt gerade: Ich wurde 1955 geboren, lebe und arbeite als Textchef von «Park Avenue» in Hamburg, bin verheiratet, habe drei Töchter – und da fällt mir noch ein: Man soll mit dem Denken aufhören, wenn's am schönst

Daniel Glattauer wurde 1960 geboren und lebt in Wien. Er arbeitet als Journalist und Kolumnist bei der österreichischen Tageszeitung «Der Standard». Glattauer ist Autor von sieben Büchern, darunter drei Romane. Zuletzt erschien «Gut gegen Nordwind», ein Roman über eine Liebesbeziehung per Mail. Da muss man wenigstens nicht reden.

Frank Goosen, geboren 1966, lebt mit Frau und zwei Kindern in Bochum, schrieb komische Geschichten wie in «Mein Ich und sein Leben» und Romane wie «Liegen lernen» und zuletzt «So viel Zeit». Er geht mit Kabarett-Programmen auf Tournee und hat beim Luftgitarrespielen schon früh seine Haare fliegen lassen. Dummerweise sind sie nicht zurückgekommen.

Axel Hacke wurde 1956 geboren und lebt mit seiner Familie in München. Er ist Bestsellerautor, zuletzt erschienen seine Geschichten übers Verhören «Der weiße Neger Wumbaba kehrt zurück». Seit 1997 schreibt er jede Woche seine Kolumne «Das Beste aus meinem Leben» für das Magazin der «Süddeutschen Zeitung». Darin geht es so gut wie nie um ihn selbst.

Thomas Haemmerli wurde 1964 geboren und lebt in Zürich als Kommunikationssöldner für TV, Reklame und Presswesen. Er ist Kolumnist bei der «SonntagsZeitung», Texter des Lululieds und tourt derzeit mit seinem Film «Sieben Mulden und eine Leiche». Nach wie vor verehrt er Damen, die schon ein wenig gelebt haben.

Jakob Hein, geboren 1971 in Leipzig, wohnt seit 1972 in Berlin. Seit Anfang der Neunzigerjahre lebt er mit einer realen Frau zusammen, mit der er zwei über alle Maßen reale Kinder hat. Er findet alle drei perfekt.

Hans Georg Hildebrandt, geboren 1966, lebt mit Frau, Sohn und Tochter im Zürcher Seefeld. Er verlegte eigene Magazine, schrieb lange für die «SonntagsZeitung» über Lifestyle und leitet seit Februar 2008 die Redaktion der Design- und Architekturzeitschrift «Ideales Heim» (in Deutschland «Atrium»). Er musste 41 werden, bis er sich endlich über das unentbehrliche Paar Manschettenknöpfe von Bottega Veneta freuen durfte.

Jess Jochimsen, 1970 in München geboren, wohnt als Autor und Kabarettist in Freiburg und unterwegs. Zuletzt erschienen sein Roman «Bellboy oder ich schulde Paul einen Sommer» und «DanebenLEBEN», ein Band mit Kurzgeschichten und Fotos. Seit der Geschichte mit dem Kleiderschrank lebt er aus dem Koffer.

Christian Kämmerling, geboren 1953, beschäftigt sich mit der Vergänglichkeit der menschlichen Existenz, seit er vier Schachteln Zigaretten pro Tag raucht. Er war zehn Jahre lang in der Chefredaktion des Magazins der «Süddeutschen Zeitung». Heute ist er selbstständiger Medienberater.

Mikael Krogerus, geboren 1976 in Finnland, ist Redakteur beim «NZZ-Folio». Er lebt in Zürich und hat zwei Kinder mit einer jüngeren Frau.

Michael Krüger, Jahrgang 1943, ist Schriftsteller und Verleger des Carl Hanser Verlags in München. Er wurde noch nie auf einem Sportplatz gesehen und hat auch keinen Hometrainer zu Hause.

Max Küng, geboren 1969, lebt in Zürich und Basel. Er schreibt unter anderem für das Magazin des «Tages-Anzeigers» und «Die Zeit». Erste Schallplatte: «Queen – Greatest Hits». Letzte: «The Moldy Peaches». Er sammelt auch Kunst, aber im kleinen Rahmen.

Charles Lewinsky, geboren 1946, schreibt so ziemlich alles, was es zu schreiben gibt, darunter Drehbücher und Romane wie «Melnitz» und «Johannistag». Was Krankheiten anbelangt, hält er sich an das Motto von Mark Twain: «Shakespeare ist tot, Goethe ist tot, und ich fühle mich auch nicht ganz gesund.»

Joachim Lottmann, geboren 1959 in Hamburg, lebt in Berlin-Mitte. Lottmann schreibt für diverse Medien (u.a. «Süddeutsche Zeitung»,

«Frankfurter Allgemeine Sonntagszeitung», «taz», vorübergehend «Der Spiegel») und ist Autor mehrerer Bücher, zuletzt «Auf der Borderline nachts um halb eins. Mein Leben als Deutschlandreporter». Lottmann ist angeblich der Urvater der Popliteratur, über weitere Kinderwünsche ist nichts bekannt.

Matthias Mächler, Jahrgang 1969, ist freischaffender Journalist in Zürich. Er träumt von einer Hochzeit an einer riesigen, weiß gedeckten Tafel zwischen Olivenbäumen im Süden.

Harald Martenstein, 1953 in Mainz geboren, lebt in Berlin. Er ist Redakteur beim Berliner «Tagesspiegel» und Autor mehrerer Bücher, zuletzt erschienen der Roman «Heimweg» und «Männer sind wie Pfirsiche», eine Auswahl aus Martensteins besten Kolumnen aus der «Zeit». In der «Zeit»-Kolumne bewältigt Martenstein spielend Themen, die oft noch viel peinlicher sind als das im vorliegenden Buch.

Michael Marti, geboren 1966, arbeitet als Journalist und Autor für die wichtigsten Schweizer Medienhäuser. Er lebt mit seiner Lebenspartnerin und der gemeinsamen Tochter Uma Marie Anna, geboren am 6. Dezember 2005, in Zürich.

Guido Mingels, 1970 bei Luzern geboren, ist Redakteur beim «Magazin», der Samstagsbeilage von «Tages-Anzeiger», «Berner Zeitung» und «Basler Zeitung». Er macht ein hervorragendes Irish Stew, und sein Lieblingsrestaurant ist die Kantine der Tamedia in Zürich.

Michalis Pantelouris, geboren 1974 in Berlin, ist leitender Redakteur und Autor bei «Max». Er lebt in Hamburg und Athen. Seine Lieblingssendung ist «Kunst und Krempel», samstags um 19.45 Uhr im Bayerischen Fernsehen.

Ulf Poschardt, Jahrgang 1967, ist Chefredakteur der deutschen «Vanity Fair». Freunde halten ihn für eine kuriose Mischung aus intellektuell früh vergreist und hyperaktivem Kind. Er hält sich jung mit schweißtreibender Gartenarbeit, alkoholfreien Rave-Nächten im «Weekend» (Berlin) und der Hydra-Detox-Crème von Biotherm Homme.

Richard Reich, Jahrgang 1961, ist Schriftsteller, lebt in Zürich und denkt dieser Tage über die Anschaffung eines WLAN-Küchenradios namens TerraTec Noxon iRadio nach. Natürlich nur aus beruflichen Gründen. Zuletzt erschienen: «Das Gartencenter» und «Das Leben ist eine Turnhalle».

Linus Reichlin, geboren 1957, lebt mit seiner Familie in Zürich und als Junggeselle in Berlin. Er schreibt Kolumnen und Kriminalromane, zuletzt ist «Die Sehnsucht der Atome» erschienen. Beim Pinkeln sitzt er seit Jahrzehnten.

Kester Schlenz, geboren 1958, leitet das Kulturressort des «Stern» und ist Autor zahlreicher Väter-Bücher, zuletzt erschienen die «Bekenntnisse eines Säuglings». Kester Schlenz ist verheiratet und hat zwei Söhne, da kommt man um Kung-Fu-Filme einfach überhaupt nicht herum.

Jochen Schmid, geboren 1953, ist Ressortleiter News bei der «Basler Zeitung». Er lebt in Freiburg im Breisgau, fuhr schon in seiner Jugend voll auf Straßenpläne ab und hat eine Ehefrau und drei Söhne am Lagerfeuer.

Constantin Seibt, geboren 1966, ist dafür, dass man, wenn schon, mit Charme beleidigen sollte. (Was aber nie klappt, da entweder der

Charme oder die Beleidigung auf der Strecke bleibt.) Er arbeitet als Reporter des «Tages-Anzeigers» in Zürich.

Christian Seiler wurde 1961 geboren und lebt in Wien. Er ist Journalist und Kolumnist, u.a. beim «Kurier» und der Gastrozeitung «A la Carte». Seiler kocht gerne und gut und ist stolzer Besitzer diverser Le Creuset-Schmortöpfe, Global Messer und Spring-Pfannen. Aber angeben würde er damit selbstverständlich niemals.

Jochen Siemens, Jahrgang 1958, lebt in Hamburg. Er schreibt für Zeitschriften wie «Stern» und «Park Avenue» und ist Autor eines Romans mit dem Titel «closeup». Er ist schlusserfahren, aber scheidungsfrei, sein aktuelles Schlussprojekt ist, mit dem Rauchen aufzuhören.

Martin Suter, geboren 1948 in Zürich, hat während fünfzehn Jahren die Kolumne «Business Class» und während fünf die Kolumne «Richtig leben mit Geri Weibel» geschrieben. Er ist Autor von sechs Romanen, zuletzt erschienen «Der letzte Weynfeldt». Er lebt mit seiner Frau und seinen beiden Kinder in Guatemala und auf Ibiza. Wenn er alleine an einer Bar beobachtet wird, wartet er auf seine Frau.

Philipp Tingler, 1972 in Berlin geboren, lebt in Zürich. Er ist Fotomodell, Wirtschaftswissenschaftler, promovierter Philosoph und Schriftsteller, zuletzt erschien sein Roman «Fischtal». Konflikte mit seinem Lebenspartner wegen des fortgesetzten Erwerbs von Laura-Ashley-Lampen versucht er durch Kompromisse auf anderen Gebieten zu lösen.

Max Urlacher, Jahrgang 1971, lebt als Schauspieler und Autor in Berlin. Seine jetzige Freundin bekommt die Kolumne in diesem Buch nicht zu lesen, denn wovor er sich am meisten fürchtet, sind Geschichten von ihren Verflossenen.

Moritz von Uslar, geboren 1970 in Köln, lebt in Berlin. Er arbeitet als Redakteur im Kulturressort des «Spiegel». In seinem ersten Roman «Waldstein oder der Tod des Walter Gieseking am 6. Juni 2005» ging es übrigens auch um die Frage, ob der beste Kumpel Ersatz für die große Liebe sein kann.

Jan Weiler, 1967 geboren, ist Journalist und Schriftsteller. Mit seinen vom italienischen Schwiegervater inspirierten Romanen «Maria, ihm schmeckt's nicht!» und «Antonio im Wunderland» wurde er berühmt. Er lebt mit seiner Familie, die ihn nur ganz selten allein zuhause lässt, am Starnberger See bei München.

Joseph von Westphalen, Jahrgang 1945, lebt in München und verdient mit dem Schreiben von Artikeln und Romanen meist mehr und auch mal weniger als seine Frau (Lehrerin), die allerdings das Vierfache seiner lachhaften Künstlersozialrente bekommen wird. Dann wird nur helfen: Gattin anbetteln oder weiterschreiben bis zum Umfallen. Letzter Roman: «Die Memoiren meiner Frau» – natürlich erfunden.

Feridun Zaimoglu ist 1964 in der Türkei geboren und lebt seit 1965 in Deutschland. Berühmt wurde er 1995 mit dem Buch «Kanak Sprak» über die Sprache junger türkischstämmiger Männer in Deutschland, zuletzt erschien «Rom intensiv» mit Geschichten aus seiner Zeit in Rom. Am liebsten prahlt er mit seiner Gartenzwerg-Sammlung.

Die Fragen

Was Männer nicht lassen können
und vermutlich auch nicht wollen

Axel Hacke: Warum reden Männer immer über sich selbst? *7*
Linus Reichlin: Warum pinkeln Männer gerne im Stehen? *10*
Christoph Biermann: Warum drehen Männer beim Fußball so durch? *13*
Ingolf Gillmann: Woran denkt ein Mann, wenn man ihn fragt:
Woran denkst du gerade? *16*

Was Männer ruiniert
auch wenn sie es nicht zugeben

Jan Weiler: Warum verwahrlosen Männer, wenn man sie alleine lässt? *23*
Patrick Frey: Warum haben auch Männer Angst, wie ihre Mutter
zu werden? *26*
Kester Schlenz: Warum gucken Männer so gern Kung-Fu-Filme? *29*
Dietmar Bittrich: Warum fürchten Männer sich vor Weihnachten? *32*
Constantin Seibt: Wie beleidigt man einen Mann? *35*

Was Männer dringend brauchen
weil sie sonst nicht glücklich sind

Richard Reich: Warum müssen Männer zwanghaft elektronische
Geräte kaufen? *41*
Max Küng: Warum haben Männer eine Plattensammlung? *44*
Philipp Tingler: Was verrät die Wohnung eines Mannes über
seinen Charakter? *47*
Christian Seiler: Warum sind Männer am Herd solche Angeber? *50*

Hanspeter Bundi: Warum kaufen Männer so gern Kettensägen? *53*
Hans Georg Hildebrandt: Was ist das perfekte Geschenk für einen Mann? *56*
Michael Marti: Weshalb wünscht sich ein Mann eine Tochter? *59*

Was Männern Spaß macht
und worum sie manchmal zu beneiden sind
Martin Suter: Was macht ein Mann allein an der Bar? *65*
Michalis Pantelouris: Warum müssen Männer immer zappen? *68*
Jochen Schmid: Warum lesen Männer so gerne Straßenkarten? *71*
Christian Ankowitsch: Warum wollen Männer nie etwas wegwerfen? *74*
Jakob Hein: Warum lieben Männer virtuelle Frauen mehr als reale? *77*
Frank Goosen: Warum spielen Männer Luftgitarre? *80*

Wie Männer lieben
und warum sie so romantisch sind
Jess Jochimsen: Was denkt ein Mann morgens vor dem Kleiderschrank? *85*
Marc Fischer: Kann ein Mann als Single glücklich sein? *88*
Thomas Haemmerli: Wie viele Männer darf eine Frau vor dem Richtigen gehabt haben? *91*
Matthias Mächler: Wann macht ein Mann einen Heiratsantrag? *94*
Mikael Krogerus: Warum stehen junge Männer auf ältere Frauen? *97*
Jochen Siemens: Wie macht ein Mann mit einer Frau Schluss? *100*
Max Urlacher: Wann denken Männer an ihre Verflossene(n)? *103*

Womit Männer Probleme haben
und wie sie versuchen, sie zu lösen
Ulf Poschardt: Haben Männer Angst vor dem Alter? *109*
Moritz von Uslar: Worüber reden Männer mit ihrem besten Freund? *112*
Harald Martenstein: Wann ist eine Frau gut im Bett? *115*

Charles Lewinsky: Warum sind Männer so lästige Patienten? *118*
Guido Mingels: Wie kann ein Mann in Würde dick werden? *121*
Joseph von Westphalen: Darf ein Mann weniger verdienen als seine Frau? *124*
Daniel Glattauer: Warum wollen Männer nicht über die Beziehung reden? *127*

Was Männer bestimmt
auch wenn sie es nicht wahrhaben wollen
Joachim Lottmann: Wann wollen Männer heute ein Kind? *133*
Gion Mathias Cavelty: Wollen Männer bei der Geburt wirklich dabei sein? *136*
Michael Krüger: Wie kaschieren Männer ihr Alter? *139*
Christian Kämmerling: Warum sterben Männer früher als Frauen? *142*
Feridun Zaimoglu: Warum prahlen Männer so gerne? *145*

Die Männer *149*

«Ein Mann eine Frage» ist eine Kolumne, die seit 2004 in der
Frauenzeitschrift *annabelle* erscheint.
Die Texte in diesem Buch wurden ausgewählt von Heike Bräutigam
und Claudia Senn.

© Verlag Antje Kunstmann GmbH, München 2008
Coverillustration: Jan Kruse
Gestaltung und Satz: Thomas Kussin, Rosmarie Ladner/buero8, Wien
Druck und Bindung: Pustet, Regensburg
ISBN 978-3-88897-502-8
1 2 3 4 5 • 10 09 08